共通テスト

新課程 攻略問題集

国語 古文、漢文

JN022815

教学社

はじめに

『共通テスト新課程攻略問題集』刊行に寄せて

本書は、二〇二五年一月以降に「大学入学共通テスト」（以下、共通テスト）を受験する人のための、基礎からわかる、対策問題集です。

二〇二五年度の入試から新課程入試が始まります。共通テストにおいても、教科・科目が再編成されますが、二〇二二年に高校に進学した人は、一年生のうちから既に新課程で学んでいますので、まずは普段の学習を基本にしましょう。

新課程の共通テストで特に重視されるのは、「思考力」です。単に知識があるかどうかではなく、知識を使って考えることができるかどうかが問われます。また、学習の過程を意識した身近な場面設定が多く見られ、複数の資料を読み取るなどの特徴もあります。とは言え、これらの特徴は、二〇二一年からの共通テストや、その前身の大学入試センター試験（以下、センター試験）の出題の傾向を引き継ぐ形です。

そこで本書では、必要以上にテストの変化にたじろぐことなく、落ち着いて新課程の対策が始められるよう、大学入試センターから公表された資料等を詳細に分析し、対策に最適な問題を精選しています。そして、初歩から実戦レベルまで、効率よく演習できるよう、分類・配列にも工夫を施しています。早速、本書を開いて、今日から対策を始めましょう！

受験生の皆さんにとって本書が、共通テストへ向けた攻略の着実な一歩となることを願っています。

教学社　編集部

本書の執筆・編集には、大学入試やセンター試験を長年研究してこられた江端文雄先生、田中淳一先生にご協力いただきました。心より御礼申し上げます。

もくじ

※大学入試センターからの公開資料等について、本書では次のように示しています。

- **試作問題**：［新課程］でのテストに向けて、2022年11月に一部の科目で作問の方向性を示すものとして公表されたテストの全体または一部。
- **プレテスト**：「センター試験」から「共通テスト」へ移行する際、2017・2018年に実施された試行調査。

↓なお、共通テストは2021年から。それ以前はセンター試験（1990～2020年）、共通一次試験（1979～1989年）。

※本書に収載している、共通テストやプレテストに関する正解・配点・正答率・平均点は、大学入試センターから公表されたものです（プレテストの正答率・平均点は、特に注記がない限り、受検者全体のものを掲載しています）。

※演習問題1・7は、大学入試センターの許可を得て、過去の「共通一次試験」の問題を共通テスト対策用にアレンジして作成したものです。

※本書の内容は、2023年6月時点の情報に基づいています。最新情報については、大学入試センターのウェブサイト（https://www.dnc.ac.jp/）等で、必ず確認してください。

本書の特長と使い方

本書には、「国語」のうち、古文・漢文の分野について、分析、問題、解答解説を収載しています。現代文については、シリーズ内の姉妹本である『国語（現代文）』に収載しています。

本書の収載内容

本書は、**第1章で共通テストの傾向を知り、第2章で問題を解くのに必要な知識について学び、第3章で問題に取り組む**、という3ステップの構成となっています。

まず、**第1章「分析編」**では、「国語」の問題全体について、これまでの共通テストを分析するとともに、二〇二五年度以降に試験の内容がどう変わるかをわかりやすく説明しました。二〇二五年度以降に追加される大問の具体的なイメージとして公表された「**試作問題**」についても、詳しく分析しています。そのうえで、このような問題への対策において必要と思われることを具体的に解説しています。

第2章「準備編」は、古文・漢文の知識についての章です。読解力・思考力が必要とされる共通テストですが、特に古文・漢文については、**基本的な知識**が身についていないと、問題文を読み解くことはできません。本章では、どのような知識が必要になるかを解説しています。問題を解く前の心がまえとして読んでおきましょう。

第3章「演習編」には、古文四題、漢文四題、合計八題の問題を掲載しています。共通テストの過去問の中から、受験生にぜひ解いてほしい良問をセレクトし、さらには、過去問を共通テストの傾向にあわせてアレンジした問題も載せています。さまざまな文章を含む問題をバランスよく取り上げました。いずれの問題も、**共通テストならではの特徴的な設問を含んでいます。**問題演習によって、問題文を読み解くコツや、選択肢を絞り込むコツをつかみましょう。

本書の活用法

1 必須知識の復習

知識事項に不安のある人は、第2章・準備編で知識事項について学習してから、第3章の演習問題に取り組むようにしましょう。問題の答え合わせの際にも、苦手な項目があればその都度参照し、知識を定着させましょう。第2章では、出題されやすい内容に絞って掲載していますので、試験直前のチェックにも活用してください。

2 時間配分をつかむ

演習問題は、問題のページに「**目標時間**」として「二〇分」を提示しています。これは、共通テストの試験時間をもとに割り出した時間となります。共通テストの国語の試験は、試験時間内に解ききるのがかなり難しいと言われており、慣れないうちは、この目標時間で解くことは難しいと思います。最初に挑戦するときは、目標時間にとらわれず、しっかりと文章・資料を読み込み、納得がいくまで選択肢を吟味して解くとよいでしょう。ただし、二回め以降や、試験の直前期には、目標時間を意識しましょう。目標時間を意識することで、試験時間内に問題を解き終えるための**ペース配分をつかむ**ことができます。なお、現代文を解くのに時間がかかる人は、古文・漢文を「目標時間」よりも短い時間で解く練習もしておくと、余裕をもって本番に臨めるでしょう。

3 特徴的な設問

共通テストにおいては、特に、「**文章全体**」から読み取る問題、「**複数資料**」を読み取る問題に難しい問題があります。また、現代文の「試作問題」やプレテストでは「**図読み取り**」「**表読み取り**」を含む問題が目立ちました。さらに、実社会における話し合いなどの「話すこと・聞くこと」、論述や報告などの「書くこと」といった「**言語活動**」

を設問に取り入れる傾向がうかがえます。

第3章44～45ページの「**チェックリスト**」に、それぞれの問題が、これらのうちどの要素を含むかを一覧で示しています。また、解答編の設問解説において、こういった要素を含む設問を（文章全体）（複数資料）（言語活動）とマーキングしています。苦手と感じる設問があれば、その要素を含む問題に繰り返し取り組んでみましょう。特に「**複数資料**」「**言語活動**」は共通テストの特徴的な出題ですので、注意して取り組んでください。

4　学習の記録

44～45ページの「チェックリスト」には、トライした記録を記入する欄を設けています。演習問題を解くのにかかった時間や採点結果を記録し、弱点となっているジャンルをつかみましょう。なお、いずれの問題においても、解説のページに、**設問ごとの難易度**を示しています。問題演習にあたっては、「標準」の問題を無理なく正解できるようにすることを第一の目標としてください。

共通テストの国語（古文・漢文）への対策として、新しい出題形式のポイントを押さえた本書に取り組むことが、最も実戦的かつ効果的な対策となるでしょう。

また、思考力が問われる共通テストでは、**国語以外の教科・科目についても、文章の読み取りを求める出題が増える傾向にあり、「国語力」が必要になる**といわれています。その意味でも、共通テストの「国語」の対策をすることは、これからの共通テスト全体の対策をすることになるでしょう。国語が得意になれば、その効果は非常に大きいので、あきらめることなく、国語の学習を積み重ねていってほしいと思います。

執筆の先生がたから、受験生の皆さんへ

― 応援メッセージ ―

共通テストは、新課程入試になることもあり、今後も出題傾向は変化すると思われます。しかしどのような変化があるとしても、**「文章や図表を読ませる」「複数の題材の関係を考えさせる」「その関係を論理的に理解したうえで答えさせる」**という三点に関しては、注意しておく必要があるでしょう。これらの要求に応えるためには、本書のような問題集での演習、あるいは学校の授業での演習に加えて、**日常生活における情報処理と記述を意識的に習慣づけていくこと**が必要です。新聞や雑誌、インターネットを通じて、さまざまな文章や資料に接することができます。それが何を意味し、どのような関連付けができるのかを意識的に考え、自分なりに言葉にしてみましょう。そういった習慣の積み重ねが、どのような問題にも対応できる力につながるのです。

一方で、題材を的確に読み取る土台として、**中心となる本文の読解**はきわめて重要です。どれほど目先が変わっているように見えても、やはり「国語」として求められているのは**「文章を正しく読む力」**であることには変わりがないのです。その意味で〈**これまでとは違った、新しい何か**〉のための勉強ではなく、〈**これまでと変わりのない何か**〉のための勉強をきちんと行わなければならないことはいうまでもありません。そうした点を理解しながら、できる努力を怠らないことを、皆さんに期待したいと思います。

第1章

分析編

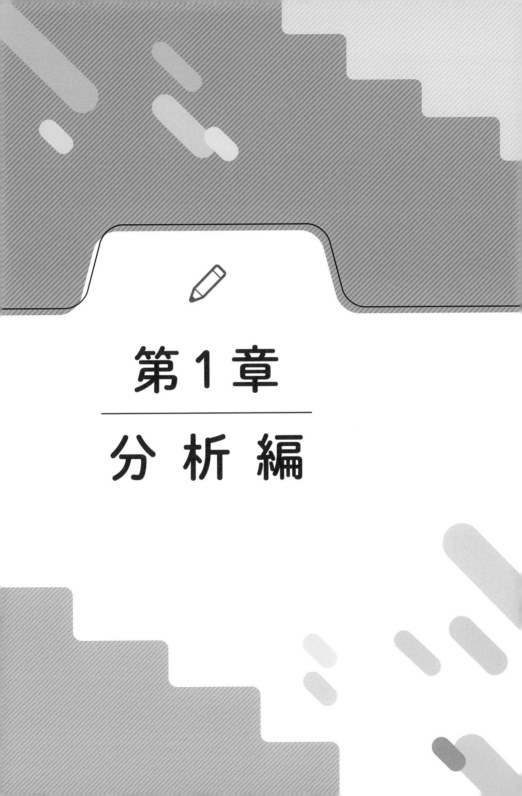

国語の分析と対策

共通テストは、二〇二五年度から新課程入試になります。国語については、大学入試センターからいくつかの変更点が発表され、変更点にかかわる「**試作問題**」が公表されました。次ページの表のような大問構成となることが予定されています。特に大きな変更点は以下の二点です。

① **試験時間が八〇分から九〇分になる（一〇分追加となる）**
② **大問が一題追加されて四題から五題となり、各大問の配点が変更になる**

試験時間と大問数が増えることで、内容面でどのような変更があるでしょうか。そのヒントとしては、大学入試センターからの次の発表が参考になります。

これまでの問題作成方針で示してきたことを引き続き重視しつつ、新学習指導要領「現代の国語」、「言語文化」それぞれで育成する資質・能力を、試験問題全体を通じて評価する。

具体的には、**新たな大問を追加**し、**より多様な文章を扱う**ことで、言葉による記録、要約、説明、論述、話合い等の**言語活動を重視**して、目的や場面に応じて必要な情報と情報の関係を的確に理解する力や、様々な文章の内容

2021〜2023 年度共通テスト

試験時間 80 分

設問	分野	配点
第 1 問	近代以降の文章	50 点
第 2 問	近代以降の文章	50 点
第 3 問	古文	50 点
第 4 問	漢文	50 点

（第 1 問・第 2 問で 100 点）

『国語』試作問題の構成※

試験時間 90 分

設問	分野	配点
第 1 問	近代以降の文章	**45 点**
第 2 問	近代以降の文章	**45 点**
第 3 問	**近代以降の文章**	**20 点**
第 4 問	古文	**45 点**
第 5 問	漢文	**45 点**

（第 1 問〜第 3 問で **110 点**）

多様な力を問うため言語活動の過程をより重視した問題を追加

※試作問題の構成であり，毎年度，同じ形で出題されるとは限らない。

を把握したり、適切に解釈したりする力等も含め**多様な資質・能力を評価**できるようにする。

また、各大問では、引き続き、近代以降の文章（論理的な文章や実用的な文章、文学的な文章）、古典（古文、漢文）を題材として、試験時間（90分）との関係に留意しつつ、それぞれの題材の意義や特質を一層生かした出題となるよう工夫する。

（「国語」の問題作成方針に関する検討の方向性）

以上から、新課程入試では、「多様な文章」が出題され、言語活動の過程をより重視した出題が加わると予想されます。また、これまで実施されてきた共通テストの出題内容も引き継がれることになるでしょう。

さらに、「新たな大問を追加し」とありますが、「新たな大問」の具体的なイメージを示すため、**「試作問題」（二種類）が発表されました**（二〇二二年十一月）。「試作問題」は本書の姉妹版の『国語（現代文）』に問題・解答・解説を掲載しているので、「新たな大問」の対策として、ぜひ解いておきましょう。

それでは、これまでの共通テストと、「試作問題」を分析しながら、新課程の共通テストで必要となる対策を示します。

解答形式・試験時間・設問の量

共通テストでは、すべての問題が**選択式**で出題され、新課程入試になっても変更される予定はありません（共通テストの実施前に検討されていた記述式による出題は見送りとなりました）。

二〇二三年度までの共通テストとセンター試験では設問の数に大きな差はありません（次ページ参照）。試験時間は、新課程入試では**九〇分**となります（現行課程入試より**一〇分長くなる**）。新しく**追加される大問**は、「試作問題」を見る限りでは、設問が四つ前後の、**実用的な文章・資料を含む問題**となりそうです。

追加される大問を一〇分程度で解くことができるならば、その他の大問（論理的な文章、文学的な文章、古文、漢文）については、設問の量は大きく変化しないと予想されます。ただし、**「試作問題」は解くのに時間を要する問題で、一〇分では解ききれない受験者が多い**と思われます。本番では、追加される大問が一〇分程度で解ける問題に調整されるのか、それとも、「試作問題」レベル（多くの受験者にとって、解くのに一五分はかかる問題）を追加して他の大問の分量や難度が調整されるのか、予測は難しいところです。大学入試センターからは「各大問では、……試験時間（90分）との関係に留意しつつ、それぞれの題材の意義や特質を一層生かした出題となるよう工夫する」という方針が示されているので、**全体を九〇分で解けるように調整される**ものと思われます。とはいえ、従来の共通テストも、試験時間内に解ききるのは難しい問題でしたので、**設問の量はかなり多い**と予想されます。

最近の共通テストの特徴

	大問	項目	問題文と資料	設問の量	配点
二〇二三年度	1	現代文	評論文＋評論文	6問（解答数12）	50点
	2	現代文	小説＋雑誌広告	7問（解答数8）	50点
	3	古文	歌論＋歌集	4問（解答数8）	50点
	4	漢文	評論	7問（解答数9）	50点
	4題合計で24問（解答数37）　平均点105.74点（受験者数445,358人）				
二〇二二年度	1	現代文	評論文＋評論文	6問（解答数11）	50点
	2	現代文	小説＋俳句	5問（解答数8）	50点
	3	古文	歴史物語＋日記	4問（解答数8）	50点
	4	漢文	序文＋漢詩	7問（解答数9）	50点
	4題合計で22問（解答数36）　平均点110.26点（受験者数460,967人）				
二〇二一年度（第1日程）	1	現代文	評論文＋小説	5問（解答数12）	50点
	2	現代文	小説＋その論評	6問（解答数9）	50点
	3	古文	歴史物語＋和歌	5問（解答数8）	50点
	4	漢文	漢詩＋思想	6問（解答数9）	50点
	4題合計で22問（解答数38）　平均点117.51点（受験者数457,305人）				
二〇二〇年度（センター試験）	1	現代文	評論文	6問（解答数11）	50点
	2	現代文	小説	6問（解答数9）	50点
	3	古文	擬古物語	6問（解答数8）	50点
	4	漢文	漢詩	6問（解答数7）	50点
	4題合計で24問（解答数35）　平均点119.33点　（受験者数498,200人）				

問題文・資料

センター試験では、基本的に、一つの大問に問題文は一つでした。**第1問が評論文、第2問が小説**（もしくは随筆）、**第3問が古文、第4問が漢文**で、それぞれある程度の長さと内容的まとまりをもった**一つの文章**が問題文となっていました。この部分が共通テストでは若干変更されています。特に注意したいのは以下の二点です。

1　複数の題材による問題

二〇二二年度本試験の**第1問**や**第3問**では、**【文章Ⅰ】【文章Ⅱ】**として二つの文章が並べて出題されました。また、二〇二一年度第１日程の**第1問**や**第2問**では、最初に提示される文章は一つですが、設問の中で異なる文章が引用され、もとの文章との関連が問われています。このように、組み合わせられる文章・資料の量や示し方にさまざまなバリエーションが見られますので、いろいろなパターンを練習しておくとよいでしょう。

2　実用的な文章・資料

二〇二三年度までの共通テストでは、「実用的な文章」の本格的な出題はありませんが、二〇二三年度の本試験では、**雑誌に掲載された広告**が資料として用いられました。先に見た「多様な文章を扱う」という方針を考えると、新課程入試では「実用的な文章」も出題されるとみておくべきでしょう。大学入試センターから公表された「試作問題」は、**第A問**が、**文章・図・グラフからなる問題**で、**第B問**が、**レポートを中心に三つの資料からなる問題**でした。これは「実用的な文章・資料」による問題といえます。多様な文章から必要な情報と情報の関係を理解し、内容を把握したり、解釈したりするとともに、その要旨をまとめるような力が求められます。

問われる内容の変化

国語の試験問題というと、皆さんはどんな問題をイメージするでしょうか。一般的には、まず問題文の文章が与えられ、現代文では漢字や語句の意味を答える設問、その後に、文章中に引かれた傍線部についての設問があるでしょう。内容について読み取る問題は、傍線部の内容がどのようなものかを読み取る**「どういうことか」**という問題、または、その傍線部分の理由を問う**「なぜか」**という問題が中心です。その他、文章の構成、表現の特徴について読み取る問題や、文章中の内容の正誤について把握できているかを問う問題もよく出題されます。古文では、語句の意味を問う問題、文法問題、そして、傍線部分の口語訳の問題、内容について答える問題という順番で出題され、漢文では、語句の読み・意味の問題、書き下しと解釈をする問題、内容についての問題というものが多いと思います。共通テストでも、このような設問が出題されています。

一方、**共通テストに特徴的な出題**としては、以下のようなものがあります。

1　生徒の作成した「ノート」を素材に「本文」の内容を考えさせる

二〇二一年度第1日程の**第1問・問5**では、生徒の「ノート」が問題の素材として使われました。文章を段落に分けて見出しをつけ**本文の展開**を考え(i)、それをもとに**筆者の論点**をまとめ(ii)、そこから興味をもった内容について**発展的に考察する**(iii)という形をとっています。他の日程・年度や「試作問題」でも、**【メモ】【レポート】**など、文章をもとに学んだことを記録しようとする生徒が登場します。これらは文章全体の内容を読み取り、そこから考えるという学習の過程を示しており、**「どのように学ぶか」を踏まえた問題の場面設定**を背景にした出題といえます。

2　本文を批評した「文章」を提示し、評者の考えを問う

二〇二一年度第1日程の**第2問・問6**では、本文（加能作次郎『羽織と時計』）が発表された当時、新聞紙上に掲載された**批評**が**【資料】**として提示され、**評者の考え**を読み取る問題（ⅰ）、本文の表現をもとに**評者と異なる見解を考察する**問題（ⅱ）が出題されました。**【資料】**は一九一八年に書かれた批評文で、現代とやや異なる文体の文章が読めるか、そこから評者の考えが読み取れるかということが問われていました。高校の国語の授業で扱う、例えば森鷗外『舞姫』などのような古い文体の文章に慣れていると読みやすかったのではないでしょうか。授業での知識の理解が大切になります。

3　基礎的な知識を総合的に問う

古文では、純粋な文法問題（文法だけを問うもの）がありませんが、傍線部分の**語句や表現に関する説明**として最も適切なものを選ぶ問題があり、選択肢の正誤判別を行ううえで、**語彙の知識や文法事項が必須**となります。また、二〇二二年度本試験・二〇二三年度本試験では現代文でも、**漢字の意味**を問う設問がありました。このように、限られた設問数の中で、これまでにない問い方によって、基礎的知識の定着度合いをはかろうとする意図が見られます。

4　傍線部なしに内容を問う

二〇二一年度第2日程の**第3問**では、傍線をつけずに、「男君の行動や心境」「女君の心境」「月」について問う設問がありました。このような設問では、**文章全体の正確な読み取り**を通して、問われている内容を理解することが重要です。選択肢の表現が本文にあるかないか、という本文との照合だけで選択肢を判別するのは危険です。

5　複数の題材を関連づけて問う

現代文・古文・漢文を通じて、複数資料を対象とする出題が頻出しています。また、「試作問題」も、グラフを含む複数資料を対象とするものでした。複数の題材の比較、検討を通して、**多面的・多角的視点から解釈する問題**といえます。共通する内容、異なる内容、他の資料を踏まえた考察など、さまざまな出題が予想されます。

6　本文について話し合う場面が示され、その内容を問う

二〇二二年度第2日程では、「文章を読んだ後に、教師の指示を受けて六人の生徒が意見を発表している場面」**（第1問・問6）**、登場人物についての「グループの話し合いの様子」**（第2問・問6）**が示されました。生徒の話し合いの形式はプレテストやセンター試験でも出題されていましたが、**長い会話設定が問題の中で設けられる**ことは、共通テストならではの出題といえます。

7　本文の内容に合う具体例を問う

二〇二二年度第2日程の**第1問・問6**は、本文で述べられたことと、身近な**具体例**が合致するかどうかを問う設問でした。また、「試作問題」**第B問・問3**も、空欄に入る「例」として適当かどうかを問うものでした。このような問題では、本文の内容を理解したうえで、自分で思考することが大切になります。そのうえで選択肢の妥当性を判断するという解き方が必要となります。**思考力、判断力、表現力を発揮して解く**ことが求められています。

国語の総合的な対策

共通テストにおいては、**文章を正確に把握するという大前提**があり、**そのうえで他の資料との関連づけなどが求められます。**その意味で、**「国語のテスト」としての本質は他の国語の問題と同じです。**したがって、国語の授業を大切にしてさまざまな内容・形式の文章を読み、正確にすばやく内容を読み取るスキルを身につけることが重要です。

ただ、共通テストでは、これまでの「国語のテスト」とは異なった発想が必要になる部分があります。その対策を以下に示します。

1　文章と資料を試験時間内に読み取る練習をしよう

共通テストでは、**傍線部なし**に内容を問う設問や、**複数の題材（資料）**を比較しながら**本文全体**について問う設問が見られます。このような設問に答えるには、問われている内容が資料のどこにどのように書かれているか、把握する必要がありますが、一問解くたびに資料全体を見直していては、試験時間内にすべての設問を解ききることは不可能です。また、まんべんなくすべての資料を精読していく必要はないかもしれません。国語は以前から時間配分が難しい科目でしたが、新課程の共通テストで「試作問題」のような問題が出されるようになるなら、これまで以上に**効率を重視した、文章把握・資料把握**が必要になるでしょう。

資料が多い問題が出されたときには、最初に問いの内容を把握したうえで問題文を読み、資料とともに、解答に**必要になりそうな箇所をチェック**しておくことが効率的かもしれません。場合によっては、精読する資料か、簡単に内容を把握するだけでよい資料か、というように**重要度を判断**していく必要も生じるかもしれません。そして、把握した複数の資料を関連づけて考察する問いも出題されます。複数の資料を関連づけて考えるには、**多角的な思考力**が必要です。

文章全体を読み取ったり、複数の題材を読み取ったりする問題については、次のような対策をすすめます。

文章全体	**①文章のどの部分にどのような内容があるかを把握しながら全体を通読し、大意をつかむ** **②傍線部や空欄の周辺にこだわりすぎず、問われていることと本文の内容の関係を読み取る** **③筆者の結論となる主張や、主人公のたどり着いた心境に特に注目する** **④①〜③の把握をもとに選択肢を吟味して正しい選択肢を選び、不正解の選択肢の誤り部分を確認する**
複数資料	**①複数の資料から、同じこと・似たこと、あるいは対照的なことを述べている箇所をすばやく探す** **②筆者が最も主張したいと考えている箇所を特定し、他の資料と比べる**

また、対策の対象を絞り込みすぎるのは危険ですが、複数資料を用いた出題という観点からは、今後、以下のような文章から出題される可能性が考えられます。こういった文章に重点的に取り組むのもよいでしょう。

現代文	図や表、写真などの**視覚資料**を含む文章・記事 **韻文**（詩・短歌・俳句など）を取り上げて批評した文章 同じ作者が**関連のある主題**について述べた別々の文章
古文	複数の説話集に収載された、**ストーリーが類似する説話** **和歌**や**人物の批評**を含む文章
漢文	**故事成語**のもとになった話を含む文章 古典（**漢詩**を含む）の**注釈**や**批評**を述べた文章

新課程の共通テストでは、**はじめて見るさまざまな資料**がこれまで以上に用いられる可能性があります。資料を効率的に把握し、それをもとに考察する練習を重ねましょう。**「実用的な文章」や図・表も、どの大問で、どのような形で出されるか**を予測することは難しいでしょう。日頃からあらゆる方面にアンテナをはっておきましょう。特に、現代文学や古典文学に関するニュース・話題に触れた際には、これを使ったらどのような試験問題が作れるか、などと考えて

みると、思考力だけでなく試験問題の出題意図に対するカンも養うことができ、思わぬ発見があることでしょう。

2　学習の過程を重視する出題に注意

共通テストでは、生徒の**「ノート」**（二〇二一年度第１日程）や**「メモ」**（二〇二三年度本試験）、生徒どうしが**話し合う場面**（二〇二三年度本試験など）が出されています。これは、「問題作成方針」の、「探究的に学んだり協働的に課題に取り組んだりする過程」にかかわる内容でしょう。**〈言語活動を通じてどのように学ぶか〉**を問題によって示そうとしているといえます。問題の素材として出されているノート・レポートやディベートは、内容の読み取り自体はそれほど難しいものではありませんが、通常の資料や選択肢に比べると、**読み取るべき問題文・資料の総量が多くなる**ことが考えられます。さらに、与えられたノート・レポート、あるいは場面設定が、**設問を解くうえでのヒントになっている**こともあります。本書収載の問題でこういった出題に慣れておきましょう。

3　過去問を練習して選択式の問題に強くなろう

多くの私立大学がマークシート方式を採用していますが、その選択肢の完成度はさまざまで、玉石混淆という感があります。その中にあって**共通テストやセンター試験の過去問**は総じて選択肢がよく練られている点、また選択肢が比較的長文である点で一つのスタンダードといえます。しかもディベート形式の設問や、傍線部に対する身近な具体例を問う設問、文章の表現の特徴を問う設問などは独壇場といっても過言ではないほどで、他の追随を許しません。これらの設問は**思考力・判断力・表現力をねらいとする共通テストの方向性にも合致**しています。新課程入試になるとはいえ、**過去問を解く意義はけっして失われてはいません。**本書を一通り学習した後で、最近の過去問（本試験・追試験とも）もチェックし、問題演習の材料としておおいに活用しましょう。

第2章

準備編

古文問題を解くのに必要な知識は？

共通テストの古文では、現代文と同じように、複数の資料を読み取らせる問題がよく出題されます。しかし、だからといって、いきなり複数の資料読み取りの対策をするのは得策ではありません。出題された文章を正確に読み取って設問に答えるという基本に従って学習することが大切です。そのためにどのような準備をすればよいか、そして共通テストに向けて、どのような学習が必要かを、**単語**、**文法**、**和歌**、**文化的知識**、**文学史**の五つの項目に分けて示します。

古文単語の知識

古文を読解するための基礎が古文単語の知識であることは言うまでもありません。ただ、古文単語は外国の言葉ではなく、古い時代の日本語です。確認すればいいのは、昔はあったけれども今はなくなってしまった言葉、今も使っているけれども昔とは意味が変わってしまっている言葉です。

共通テストでは、古文単語自体を問う問題として、**問1**で、「傍線部の解釈として最も適当なもの」を選択する問題が出題されています。例えば「まどろまれ給はず」「里に出でなば」のように、数語に傍線が引かれ、複数の単語の意味や文法事項を問うことが多いです。実際の過去問で、問題を解くのに必要な要素を確認してみましょう。

■「めやすくおはせしものを」の解釈として最も適当なものは？
① すばらしい人柄だったのになあ
② すこやかに過ごしていらしたのになあ
③ 感じのよい人でいらっしゃったのになあ
④ 見た目のすぐれた人であったのになあ
⑤ 上手におできになったのになあ

（二〇二一年度本試験第1日程第3問・問1(イ)）

こういう問題が出たら、まず文脈に当てはめてみるという人がいるかもしれませんが、その方法はお勧めできません。なぜなら、この問題は**古文単語の知識があるかを測るものであり、誤りの選択肢の中には文脈に合うものもある**からです。ここでは、「めやすし」、「おはす」という言葉の意味がわかっているかを問うています。「めやすし」は、〈目が安い〉ということで、〝見た目に感じがよい〟という意味をもつ言葉です。「おはす」は「あり」「ゐる」「行く」「来る」の尊敬語で、〝いらっしゃる・おいでになる〟という訳になります。この知識があれば、「めやすし」「おはす」のどちらも正しく訳した③が正解だと見当がつきます。そのうえで文脈に当てはまれば、確実に正解ということになります。

このように、敬語動詞も含めた**古文単語の知識学習**がまず大切です。古文単語の知識が、**問1**で正解を導くのみならず、**文章全体の内容把握のために重要である**ことは言うまでもありません。古文を読みながら古語辞典で確認していくというのが基本的な学習法ですが、重要な古文単語をまとめた古文単語集で覚えていくのもよいでしょう。

古文文法の知識

文法、敬語の知識も文章読解には重要です。文法として、特に**助動詞の知識**は大切です。助動詞は述語動詞の下にくることによって文の意味を左右させます。例えば、「行く」という動詞に「ぬ」という助動詞がつく場合、「行かぬ」「行きぬ」の二通りがあります。助動詞「ぬ」が打消なら〝行かない〟、完了なら〝行った〟で、意味が正反対になってしまいます。助動詞の意味を学習するのは、このように**文意を把握するため**なのです。そして、どの助動詞かを識別するためには、助動詞の上にある動詞の活用形を判別することが必要です。古文の文法を覚える目的のために古文の学習をしているわけではないことを肝に銘じるべきです。

文章を正確に読むための準備として古典文法の知識を問う、という意図が、共通テストの問題にはよく表れています。共通テストとセンター試験では、古文文法に関する出題の形が変わっているので、確認してみましょう。

■共通テスト

「つつましき御思ひも薄くやありけむ、なほひたぶるにいぶせくてやみなむは、あかず口惜しと思す」の語句や表現に関する説明として最も適当なものを、次の①～⑤のうちから一つ選べ。

① 「つつましき御思ひ」は、兄である院と久しぶりに対面して、気恥ずかしく思っている斎宮の気持ちを表している。

② 「ありけむ」の「けむ」は過去推量の意味で、対面したときの斎宮の心中を院が想像していることを表している。

③ 「いぶせくて」は、院が斎宮への思いをとげることができずに、悶々《もんもん》とした気持ちを抱えていることを表している。

④ 「やみなむ」の「む」は意志の意味で、院が言い寄ってくるのをかわそうという斎宮の気持ちを表している。

⑤「あかず口惜し」は、不満で残念だという意味で、院が斎宮の態度を物足りなく思っていることを表している。
（二〇二一年度本試験第3問・問2）

■センター試験

「身にしむばかり細やかにはあらねばにや」についての文法的な説明として**適当でないもの**を、次の①～⑤のうちから一つ選べ。

① 打消の助動詞「ず」が一度用いられている。
② 断定の助動詞「なり」が一度用いられている。
③ 仮定条件を表す接続助詞「ば」が一度用いられている。
④ 疑問を表す係助詞「や」が一度用いられている。
⑤ 格助詞「に」が一度用いられている。

（二〇一八年度本試験第3問・問2）

センター試験の例では、選択肢①～⑤のすべてが文法に関する事項です。品詞分解の問題、誰に対する敬意かを問う敬語の問題が多く出題されていました。一方、共通テストでは、語句、文章内容の読み取りを組み合わせて、その中に品詞分解が必要な選択肢が含まれる形になっています。つまり、**文法を単独の設問とするのではなく、語句や表現、内容の読み取りと組み合わせて出題する**形に変化しています。

さらに、**問2**以外でも文法力が必要です。**問1**の解釈の問題について、例えば、二〇二一年度本試験第1日程の㈥は「里に出でなば」という表現の解釈を選ぶ問題でしたが、「ば」に関する文法知識が、正解を導く鍵の一つになっていました。

これらは、**文法の知識を単独で問うのではなく、文法を読解に反映させることができているかを測っている**問題であると言えるでしょう。このことをふまえて、読解にも大きく影響する、確実におさえておくべき文法事項を挙げておきます。文法のテキストとあわせて確認しましょう。

◆「ぬ」「ね」の識別

①**打消**（訳：～ない）、②**完了**（訳：～た）で意味が正反対になるので注意が必要。文法問題の単独問題でも頻出です。

チェックポイント

① **未然形** に接続していれば、**打消**「ず」

② **連用形** に接続していれば、**完了**「ぬ」

	未然	連用	終止	連体	已然	命令
「ず」	ず ざら	ず ざり	ず	**ぬ** ざる	**ね** ざれ	ざれ
「ぬ」	な	に	**ぬ**	ぬる	ぬれ	**ね**

例「書かぬ」は①**打消**、「書きぬ」は②**完了**。しかし、「見えぬ」のように、直前の動詞が①未然形か②連用形か判別がつかない場合もある。ただし「見えぬ人」のように直後に名詞（体言）があれば、「ぬ」は体言修飾をする連体形だと判別でき、①**打消**「ず」の連体形だと識別できる。②**完了**の「ぬ」なら「見えぬる人」となる。

◆「る」の識別

①**受身・尊敬・可能・自発**の「る」と、②**存続・完了**の「る」（「り」の連体形）があります。

≫ チェックポイント

①**未然形**に接続していれば、**受身・尊敬・可能・自発**の「る」

②**四段活用の已然形、サ変の未然形（母音e）**に接続していれば、**存続・完了**の「り」の連体形の「る」

	未然	連用	終止	連体	已然	命令
「る」	れ	れ	**る**	るる	るれ	れよ
「り」	ら	り	り	**る**	れ	れ

例 センター試験二〇二〇年度本試験で出題された「重なれる」は、四段活用動詞「重なる」の已然形「重なれ」の後に「る」がきているので、②**存続・完了**の「り」の連体形であり、〝重なっている〟と訳出できる。

◆「なり」の識別

①**断定**（訳：～だ・～である）、②**伝聞推定**（訳：～らしい）で意味が変わります。さらに、③**形容動詞**の活用語尾、④**四段活用動詞**の連用形の場合もあります。

≫ チェックポイント

①**体言・連体形**に接続していれば、**断定**「なり」

②**終止形・ラ変連体形（母音u）**に接続していれば、**伝聞推定**「なり」

③性質や状態を表す語の後にあれば、ナリ活用の、**形容動詞**の語尾

④直前に動詞がない自立語ならば、**四段活用動詞**「なる」の連用形

	未然	連用	終止	連体	已然	命令
「なり」	なら	に **なり**	**なり**	なる	なれ	なれ
「なり」		**なり**	**なり**	なる	なれ	
「～なり」	なら	に **なり**	**なり**	なる	なれ	なれ
「なる」	なら	**なり**	なる	なる	なれ	なれ

例『土佐日記』冒頭の有名な「男もすなる日記といふものを、女もしてみむとてするなり」という例で覚えておくとよい。前者は②**伝聞推定**で〝するらしい〟、後者は①**断定**で〝するのだ〟と訳す。③は「静かなり」など、④は「実《み》ならぬ」「色青くなりぬ」など。

◆「に」の識別

助動詞の場合は①**完了**（訳：～た）、②**断定**（訳：～だ・～である）があります。さらに、格助詞、接続助詞、形容動詞の活用語尾、副詞の一部の場合があります。文法の識別問題では頻出問題。

チェックポイント

① **連用形**に接続していれば、**完了**の助動詞「ぬ」の連用形

② **体言・連体形**に接続していれば、**断定**の助動詞「なり」の連用形

	未然	連用	終止	連体	已然	命令
「ぬ」	な	に	ぬ	ぬる	ぬれ	ね
「なり」	なら	なり に	なり	なる	なれ	なれ

例「花咲きにけり」であれば①**完了**で〝花が咲いた〟。②**断定**の場合は、「この国の人にもあらず」のように、**下にラ変動詞「あり」がくる**。これは断定の助動詞「なり」が「に＋あり」の約されたものであり、下に「あり」がきている場合は「に」が断定の連用形として判別されるからだが、「人にや。」のように「あり（ある）」が省略される場合も多いので注意が必要。ただ、この「に＋あり」の形でなければ体言・連体形の下の「に」は格助詞（「月のあかきにぞ渡る」）か接続助詞（「破れてはべるに、修理して」）だと判断できるので、理解しておくと便利である。

「なむ」の識別

①**強意**（完了）の助動詞「ぬ」の未然形**＋推量**の助動詞「む」ならば〝（きっと、必ず）〜だろう〟、②**願望の終助詞**ならば〝〜てほしい〟と訳します。③**係助詞**の場合、④**ナ変動詞の未然形**活用語尾**＋推量**の助動詞の場合もあります。

≫ チェックポイント

① **連用形** に接続していれば、**強意＋推量**
② **未然形** に接続していれば、**願望の終助詞**
③「なむ」の部分を省略して文意が通れば、**係助詞**
④直前にナ変動詞（死ぬ、去ぬ）の語幹があれば、**ナ変動詞＋推量**

例「雨降りなむ」は〝雨が必ず降るだろう〟の訳になり、①の用法。この「な」は完了の助動詞**「ぬ」の未然形だ**が、完了の助動詞「つ」「ぬ」の下に**推量**（推定）の助動詞がくると、推量を強める**強意**（確述）の助動詞となる（確述用法）。「雨降らなむ」とあれば、②**願望の終助詞**であり、〝雨が降ってほしい〟と訳せる。「雨なむ降る」とあれば「なむ」を除いて「雨降る」としても意味が通るので「なむ」は③**係助詞**である。係り結びで文意を強める働きがあるが、特に訳さない。④は「死なむ」「去なむ」のように**ナ変動詞に推量**（意志）の助動詞「む」がつく形である。

「ば」の識別

①〝〜ならば〟と訳す順接の**仮定条件**と、②〝〜ので〟〝〜と〟〝〜するといつも〟などと訳す順接の**確定条件**があります。

》 チェックポイント

① **未然形**に接続していれば、**仮定条件**

② **已然形**に接続していれば、**確定条件**

例「雨降らば」であれば①で〝雨が降るならば〟の訳。「雨降れば」であれば②で、〝雨が降るので〟〝雨が降ると〟〝雨が降るといつも〟の訳のどれがよいかを文脈から確認する。

◆敬語動詞

敬語が尊敬、謙譲、丁寧のどれかを押さえるのがポイント。また、敬語は動作主を判断するためのヒントになります。さらに誰に対する敬意かを読み取れば、文章中の展開や人間関係を判断することができます。特に注意を要する敬語動詞、敬語表現を以下に示します。

□ **たまふ**　四段活用の「たまふ」は尊敬語。下二段活用の「たまふ」は謙譲語。

□ **きこゆ**　自動詞の〝きこえる〟と謙譲の〝申し上げる〟の場合とがあり、文脈から確認する。

□ **たてまつる・まゐる**　謙譲表現だが、「食ふ」「飲む」「着る」（たてまつるは「乗る」も）の尊敬語でもあり、〝召し上がる〟〝お召しになる〟（〝お乗りになる〟）の訳となる。

□ **助動詞**「**す**」「**さす**」「**しむ**」は、尊敬表現（「給ふ」「宣《のたま》ふ」など）を伴った「宣はす」「させ給ふ」「しめ給ふ」などの形では、尊敬の意味となって敬意を強めるはたらきをする。

謙譲表現は、意味が理解しにくく、難しいと感じる受験生が多いようです。これは、現代では謙譲表現があまり使われていないということにもよるのでしょう。謙譲とはへりくだることであり、**自分を低めることで相対的に相手を高め**

ることになります。謙譲の補助動詞については、例えば「手習ひ、絵など、さまざまに書きつつ見せたてまつり給ふ」は〝…見せ申し上げなさる〟などと訳すように、多くの場合〝～申し上げる〟の形で訳出できます。

また、誰に対する敬意かを答える問題が出題された場合、**謙譲表現は動作の受け手が敬意の対象**となりますので、注意しましょう。

重要 敬語が示す敬意の方向

尊敬語	謙譲語	丁寧語
〈地の文〉筆者→動作の主体 〈会話文〉話し手→動作の主体 （「誰が」）	〈地の文〉筆者→動作の客体 〈会話文〉話し手→動作の客体 （「誰を」「誰に」「誰へ」「誰から」）	〈地の文〉筆者→読者 〈会話文〉話し手→聞き手

和歌の知識

共通テストでは、和歌を含む文章がよく出題されています。和歌に関しては**詠み手の心情、詠まれた内容、文章の展開との関係**について問うものが中心です。和歌が単独で出題されるのではなく、文章の中で示されますので、文章全体の展開をつかみながら、どのような内容、心情を詠み込んでいるかを把握していきます。

また、二〇二三年度本試験では「**掛詞**」について出題されました。これまでは和歌の修辞が問われることは少なかったのですが、過去には選択肢の中で掛詞について言及されたことがありました。修辞の知識は、和歌の内容の読み取りにも役立ちますので、主な修辞を確認しておきましょう。

□**掛詞**　同音異義語によって二つの意味をもたせる。秋／飽き、踏み／文《ふみ》、松／待つなどが頻出。

例　山里は冬ぞさびしさまさりける人目も草もかれぬと思へば　（源宗于）

▼「かれ」に「離《か》れ」「枯れ」をかけて、人目も離れ（人も訪れない）、草も枯れる、と二つの内容を詠み込んで、山里のさびしさを強調している。

□**縁語**　一つの語と関連する語を一首の中で多く用いる。露（玉・置く・消ゆ）など。

例　鈴鹿山うき世をよそにふり捨てていかになりゆくわが身なるらむ　（西行）

▼「鈴」を「ふる」、「鈴」が「なり」と、和歌の主題とは関わりはないが、言葉どうしの意味上の関連を導き出す。ちなみに「なりゆく」は鈴が「鳴りゆく」と「なりゆく」わが身との掛詞。

□**枕詞**　一定の語句を修飾したり、語調を整えるための主に五音の表現。「あきつしま」（→大和）、「からころも」（→着る・裁つ・袖）、「ちはやぶる」（→神・社）など。

□**序詞**　枕詞と同じはたらきをする、二句以上の表現。自由に使われ様々な用例があるため、試験には出しにくいと思われる。

例　あしびきの山鳥の尾のしだり尾の長々し夜をひとりかも寝む　（柿本人麿）

▼傍線部が序詞で、この例では比喩を表す。〝…尾のように、長い夜を…〟と訳す。

文化的知識

古文では、現代と違う文化が描かれています。読解に必要な知識については、大問のはじめにある**リード文**や、文章の後にある**注**に示されており、重要なヒントになりますので、注意しながら読んでください。

古文の授業でも、当時の文化に関する知識が扱われます。これは、古文を読み取る上で非常に重要です。文化的知識すべてを網羅することは難しいですが、古文読解の演習をしながら、不明な点は「国語便覧」等を使いながら知識を蓄積してください。最近の出題では、問題の【資料】に出てきた「前栽《せんざい》」を、「垣根のことである」とする選択肢の正誤を問う問題がありました（二〇二二年度追試験第3問・問4(i)）。「前栽」は庭に植えた草木や庭先の植え込みのことで、「垣根」ではないので、誤りの選択肢となります。

家屋《かおく》の様子（寝殿《しんでん》、対《たい》、渡殿《わたどの》、透垣《すいがい》など）や調度（屏風《びょうぶ》、几帳《きちょう》、御簾《みす》など）については、「国語便覧」で確認しておきましょう。

文学史の知識

共通テスト、センター試験を通して、「『源氏物語』の作者は誰か？」のような文学史的知識を直接問う問題は出題されていません。ただ、直接的には解答に結びつかないかもしれませんが、**文学史の知識があれば古文が読みやすくなる**ことは多々あります。例えば、二〇二一年度本試験第1日程で出題された『栄花物語』について、出題部分の中心人物である藤原長家を知っている受験生は多くないと思います。しかし、問題に付けられた「人物関係図」から、長家が彰子の弟、つまり藤原道長の息子だとわかります。『栄花物語』が藤原道長の栄華を肯定的に描いているという知識があれば、息子の長家も肯定的に描かれるだろうという予想が立ちます。このように、**古典作品の大まかな展開などの文学**

史的な知識があると、古文読解に役立ちます。

共通テストの古文読解に必要な知識についていくつか挙げてきました。どれも、古文の授業で扱われる内容が基本であり、その基礎基本なくしては正確な読解は不可能であることはいうまでもありません。自信がない知識分野があれば、しっかり復習しておきましょう。そして、共通テストで資料がどのように扱われようとも、正確な読み取りが身についていれば恐れることはありません。古文読解の基礎を固め、様々な文章に触れることで、古文の読解力を高めてください。

漢文問題を解くのに必要な知識は？

共通テストの漢文においては、複数の資料や漢詩がよく出題されています。どんな資料が出されたとしても、正確な読解が基本となります。漢文においては、他の大問に比べて情報量自体は少ないので、**正確さと解答時間の短縮との両立**を目指したいところです。そのためには、漢文読解に必要な知識を固めつつ、多くの文章を読解して漢文の読解力を養成することが大切です。しっかりした学習をすれば、時間を短縮しながら高得点を狙える分野です。

漢文は、**訓読の練習**が重要です。「訓読」とあるとおり、漢字を日本語の意味で読む「訓読み」をしていくことで、意味が見えてくるはずです。したがって、スムーズに訓読できれば、文章の展開は読み取れるはずです。ここでは、共通テストの漢文読解に必要な基礎知識を復習しながら、正確に読解して正答を導く準備をしましょう。

読み方と語意の知識

共通テストの漢文の**問1**では、語の意味が問われています。二〇二二年度本試験では「審」という語の意味が問われましたが、「つまびらか」と読むことができれば「詳しく」とある選択肢が正解だとわかるはずです。センター試験時代の**問1**では、意味ではなく語の読み方が問われたこともありました。つまり、**問1**に答えられるかどうかは、正しく訓読できているかということと結びつきます。**読み方と意味をセットで覚えておく**のが効果的です。以下に頻出の語句を挙げますので、チェックを入れながら覚えましょう。

《副詞》

□豈　あに（＝どうして）
□已　すでに（＝もはや）
□只　ただ（＝〜だけ）
□唯　ただ（＝〜だけ）
□惟　ただ（＝〜だけ）
□特　ただ（＝〜だけ）
□独　ひとり（＝〜だけ）
□卒　にはかに（＝急に）
□俄　にはかに（＝急に）
□相　あひ（＝互いに）
□遂　つひに（＝そこで）
□終　つひに（＝とうとう）
□卒　つひに（＝結局）
□竟　つひに（＝結局）
□何　なんぞ（＝どうして）
□猶　なほ（＝やはり）
□却　かへつて（＝反対に）
□亦　また（＝〜もまた）

□嘗　かつて（＝以前）
□方　まさに（＝今ちょうど）
□実　まことに（＝本当に）
□殆　ほとんど（＝あやうく）
□甚　はなはだ（＝ひどく）
□太　はなはだ（＝ひどく）
□果　はたして（＝やはり）
□忽　たちまち（＝にわかに）
□蓋　けだし（＝思うに）
□尽　ことごとく（＝すべて）
□悉　ことごとく（＝すべて）
□私　ひそかに（＝こっそり）
□窃　ひそかに（＝こっそり）
□頻　しきりに（＝たびたび）
□稍　やや（＝少し）
□良　やや（＝少し）
□交　こもごも（＝かわるがわる）
□立　たちどころに（＝ただちに）

□偶　たまたま（＝思いがけず）
□適　たまたま（＝ちょうど）
□徒　いたづらに（＝むだに）
□殊　ことに（＝とりわけ）
□与　ともに（＝いっしょに）
□倶　ともに（＝いっしょに）
□向　さきに（＝以前）
□大　おほいに（＝非常に）
□一　ひとたび（＝一度）
□尤　もつとも（＝とりわけ）
□僅　わづかに（＝かろうじて）
□徐　おもむろに（＝ゆっくり）
□頗　すこぶる（＝かなり）
□具　つぶさに（＝詳しく）
□愈　いよいよ（＝ますます）
□凡　およそ（＝おおよそ）
□各　おのおの（＝それぞれ）
□挙　あげて（＝残らず）

□ 又　また（＝その上）
□ 復　また（＝もう一度）
□ 益　ますます（＝いよいよ）
□ 固　もとより（＝もともと）
□ 素　もとより（＝もともと）
□ 漸　やうやく（＝しだいに）
□ 暫　しばらく（＝しばし）
□ 数　しばしば（＝たびたび）

□ 動　ややもすれば（＝どうかすると）
□ 因　よりて・よつて（＝それがもとで）
□ 自　おのづから・みづから（＝自然と・自分で）
□ 安　いづくんぞ・いづくにか（＝どうして・どこに）
□ 悪　いづくんぞ・いづくにか（＝どうして・どこに）
□ 幾　ほとんど・いくばく（＝あやうく・どれほど）
□ 就中　なかんづく（＝とりわけ）
□ 庶・庶幾　こひねがはくは（＝願わくは）

《接続詞》

□ 即　すなはち
□ 乃　すなはち
□ 則　すなはち
□ 便　すなはち
□ 輒　すなはち
□ 於レ是　ここにおいて（＝そこで）
□ 若　もし・もしくは
□ 如　もし・もしくは

□ 雖　いへども
□ 且　かつ
□ 抑　そもそも（＝さて）
□ 将　はた（＝または）
□ 並　ならびに　□ 故　ゆゑに
□ 是以　ここをもつて（＝だから）
□ 而　（順接）しかうして・しかして
□ 然　（順接）しからば・しかれば

□ 与　と
□ 仮　たとひ
□ 縦　たとひ
□ 苟　いやしくも（＝かりにも）
□ 況　いはんや（＝まして）
（逆接）しかも・しかれども・しかるに
（逆接）しかれども・しかるに

□ 及　および
□ 寧　むしろ
□ 或　あるいは

《再読文字》

□未《いまダ》《ず》〜　いまだ〜ず（＝まだ〜ない）

□将《まさニ》《す》〜（ント）
□且《まさニ》《す》〜（ント）
まさに〜（んと）す（＝今にも〜しようとする・〜するつもりだ）

□当《まさニ》《ベシ》〜　まさに〜べし（＝当然〜すべきだ・きっと〜だろう）

□応《まさニ》《ベシ》〜　まさに〜べし（＝きっと〜だろう・〜べきだ）

□宜《よろシク》《ベシ》〜　よろしく〜べし（〜するのがよい・〜するのがふさわしい）

□須《すべかラク》《ベシ》〜　すべからく〜べし（＝ぜひ〜する必要がある・〜が必要だ）

□猶《なホ》《ごとシ》〜（ガ）（ノ）
□由《なホ》《ごとシ》〜（ガ）（ノ）
なほ〜（が／の）ごとし（＝ちょうど〜と同じだ・あたかも〜のようである）

□ 盍《なんゾ》《ざル》〜
□ 蓋《なんゾ》《ざル》〜
なんぞ〜ざる（＝どうして〜しないのか）

《否定表現》

□ 勿レ〜・毋レ〜・莫レ〜　〜なかれ（＝〜するな）
□ 不レ能二〜一　〜あたはず（＝〜できない）
□ 不レ得二〜一　〜をえず（＝〜できない）
□ 不レ可二〜一　〜べからず（＝〜してはいけない・〜できない）
□ 不二敢〜一　あへて〜（せ）ず（＝決して（無理に）〜しようとしない）

《疑問詞》

□ 何以〜　なにをもつて（か）〜（する）（＝どうやって〜か・どうして〜か）
□ 何故〜　なんのゆゑに〜（する）（＝どうして〜か）
□ 何為〜　なんすれぞ〜（する）（＝どうして〜か）
□ 〜幾何　〜いくばく（ぞ）（＝〜はどれくらいの数か）
□ 〜何如　〜いかん（＝〜はどのようであるか）
□ 〜如何・〜奈何・〜若何　〜いかん（せん）（＝どうしたらよいか）

句法の知識

共通テストでは、センター試験と同様に、返り点の付け方、書き下し文、傍線部分の解釈を答える問題が出題されています。これらの問題は、句法の知識が関係する箇所を問うものがほとんどです。漢文の句法のテキストでひととおり学習する必要がありますが、ここでは、入試問題で特によく見る主要なものを挙げておきます。

◆使役形

□ **A使㆓BC㆒**　AハBヲシテCセしム（＝AはBにCさせる）

頻出問題。使役の対象者Bの送り仮名が「**ヲシテ**」となる点に注意しましょう。「**令・遣・教**」も「使」と同様に使われます。

◆部分否定

□ **不㆓常～㆒**　常ニハ～ズ（＝いつもは～しない）

否定語→副詞の順に文字が並ぶ場合、部分否定といって、完全には否定せず**限定された否定の意味**になります。ほかに、「**不㆓必～㆒**」（必ずしも～ず）、「**不㆓倶～㆒**」（倶には～ず）、「**不㆓甚～㆒**」（甚だしくは～ず）なども部分否定です。

◆全部否定

□ **常不㆑～**　常ニ～ズ（＝いつも～しない）

部分否定と反対に、副詞→否定語の順となると、**全面的な強い否定**となります。

限定形

□ ～耳　～のみ（＝ただ～だけだ）

「已・而已・而已矣」も「耳」と同様に「のみ」と読みます。強調の意味も含まれます。

抑揚形

□ A 且 B。況 C 乎。　Aスラ且ツB。況ンヤCヲや。（＝AでさえBだ。ましてCはなおさらBだ。）

Aを引き合いに出して抑え、CがBであることを揚げています。

漢詩の知識

中国の唐時代の詩である、近体詩（**絶句**、**律詩**など）が出題されることが多く、その形式に関する知識についてよく問われます。漢詩の偶数句末を空所にしてそこに入る漢字を選ぶ問題が頻出で、ほとんどの場合、音の関係（**押韻**）を問うている問題になっています。押韻については、次ページの表のような原則があります。律詩の聯《れん》の名称については、二〇二二年度本試験で出題がありました。律詩の**対句**についても、**内容をつかむヒントになる**ことがあるので、あわせて覚えておきましょう。

重要　絶句・律詩の押韻の原則（●が押韻する字。↕は原則として上下の句が対句になることを表す）

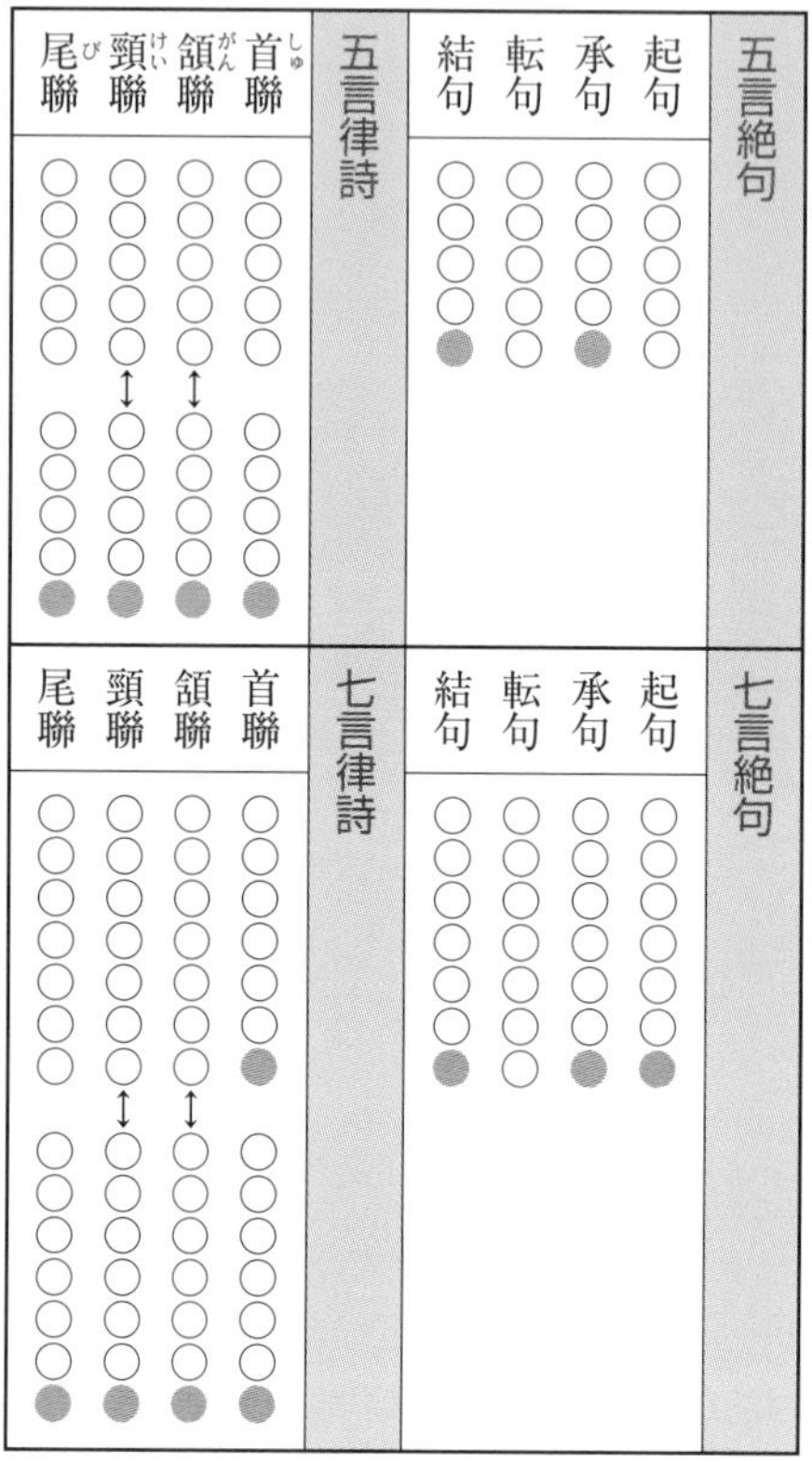

第3章

演習編

チェックリスト

本書に収載した8題の演習問題について、概要を一覧にしました。演習問題1から順番に解いてもよいですし、苦手な分野または得意な分野から取り組んでもよいでしょう。

目標時間	1回め			2回め		
	月日	所要時間	採点結果	月日	所要時間	採点結果
20分	／	分	/45点	／	分	/45点
20分	／	分	/50点	／	分	/50点
20分	／	分	/50点	／	分	/50点
20分	／	分	誤答　問	／	分	誤答　問
20分	／	分	誤答　問	／	分	誤答　問
20分	／	分	/50点	／	分	/50点
20分	／	分	/45点	／	分	/45点
20分	／	分	/50点	／	分	/50点

※演習問題1・7は、新課程入試で予定されている配点（p. 11参照）に基づいた満点となっています。演習問題4・5は第1回プレテストとして実施されたものであり、設問ごとの配点が公表されていません。

問題は解きっぱなしではなく、必ず答え合わせをしておくこと。解くのにかかった時間、自己採点結果は、トライした日付とあわせて書き込みましょう。不得意な文章や設問がある場合は、その問題に集中的に取り組むことをすすめます。

問題番号	項目	出題文ジャンル	設問構成				
			和歌/漢詩	文章全体	複数資料	図	言語活動
1	**古文**	歌論＋説話	**あり**	**あり**	**あり**	なし	なし
2	**古文**	歴史物語＋歌集	**あり**	**あり**	**あり**	**あり**	なし
3	**古文**	歴史物語＋日記	**あり**	なし	**あり**	なし	**あり**
4	**古文**	物語＋注釈	**あり**	**あり**	**あり**	なし	なし
5	**漢文**	史伝＋漢詩	**あり**	**あり**	**あり**	**あり**	**あり**
6	**漢文**	漢詩＋思想	**あり**	**あり**	**あり**	**あり**	**あり**
7	**漢文**	漢詩＋詩話	**あり**	**あり**	**あり**	なし	**あり**
8	**漢文**	説話＋史伝	なし	**あり**	**あり**	なし	**あり**

MEMO

演習問題1

問題

問題　次の【文章Ⅰ】と【文章Ⅱ】は『和歌威徳物語』の一節で、ⅠとⅡは連続している。【文章Ⅲ】は『古今著聞集』の一節である。これらを読んで、後の問い（問1〜6）に答えよ。（配点　45）

≫ 目標時間　20分

【文章Ⅰ】

A小式部が歌のよきは、母の和泉《いずみ》式部によませて、ぬしになる、と御所中に披露ありけり。内々口惜しと思ふところに、あるとき、また内裏に歌合ありけるに、小式部も人数《にんじゅ》に指されてけり。すでにその日近くなりけるころ、中納言定頼卿《きやう》、かの局《つぼね》に来《き》たりて、「御会の日も近くなり侍《はべ》りぬ。歌はいかがせさせ給《たま》ふ。（注1）丹後《たんご》より使ひは来ずや。さぞ心もとなく思《おぼ》すらむ。」など、たはぶれて立たれけるとき、小式部引きとどめてよめり。

X大江山《おほえやま》いく野のみちの遠ければまだふみも見ず天《あま》の橋立《はしだて》

と、当座にことわりければ、B中納言伏目になりて、いふべきことばもなくて立たれけり。これよりしてこそ、小式部、母がちからを借らざれども自身とよめるなりけり、と世の疑ひを晴らしけれ。

【文章Ⅱ】

そもそもこの小式部は、幼きより和歌の道世人に優れたり。年十一のとき、母もろともに院の御供にて住吉《すみよし》へ参りけり。（注2）御法施《ほふせ》はててのち、ここかしこ浦のけしき叡覧《えいらん》ありて興ぜさせ給ひけるに、千鳥・かもめなど波にゆられたりしてゐ、おもしろく思しめして、「あの浮き鳥射て参らせよ。」と仰せごとありければ、（注3）北面の人々弓矢をもち波の上におりたちて、これをねらひけるけしき、まことに折からおもしろく叡覧ありて、「このけしきを歌によむべし。」と、和泉式部に宣旨ありけり。式部承りて、「みづからが歌めづらしからず。ここに姫一人召し具しさぶらふ。かれによませて御覧あるべし。」と申しければ、「さらば」とて宣旨あり。姫、顔うち赤めながら、母のかたへ向かひて、「ちはやぶる」と申しければ、母、「それは」とてしかりけり。君、あやしく思しめして、「いかでさやうにはいさむるやらむ。」と仰せられければ、「神の御事にこそちはやぶるとは申すべけれ。これはあらぬことにてさぶらふものを。」と申しければ、「あしくとも、いとけなき者のことなり。苦しからじ。よませてきけ。」と仰せごとありければ、「さらばよむべし。」と母に許されて、

Y　ちはやぶる神の(注4)斎垣《いがき》にあらねどもなみのうへにもとりゐたちけり

君をはじめ、御供の公卿《くぎやう》・殿上人、大きに感じ給ひけり。御感のあまりに(注5)色の御衣《みけし》を下され、小式部の内侍《ないし》と召されけり。母の心思ひやるべし。それより内裏に召されて、ときめきけり。

（注）1　丹後――現在の京都府の北部。和泉式部は丹後守藤原保昌《やすまさ》と再婚してここに住んでいた。Xの歌に詠まれる「大江山」「いく野（生野）」は都から丹後へ行く途中にある。「天の橋立」は丹後にある。いずれも歌枕である。

2　御法施――神仏に物をささげて祈ること。

3　北面の人々――院の御所を警備する武士たち。

4　斎垣――神社の周囲にめぐらした垣根。

5　色の御衣――天皇・皇族以外の者は着用を禁じられている着物。

【文章Ⅲ】

花園左大臣家に、はじめて参りたりける侍の、(注1)名簿《みやうぶ》のはしがきに、能は歌よみと書きたりけり。おとど、秋のはじめに南殿に出でて、(注2)はたおりの鳴くを愛しておはしましけるに、暮れければ、「(注3)下格子《げかうし》に人参れ」と仰

せられけるに、「C蔵人五位たがひて、人も候はぬ」と申して、この侍参りたるに、「ただならば汝《なんぢ》下ろせ」と仰せられければ、参りたるに、「汝は歌よみな」とありければ、かしこまりて御格子下ろしさして候ふに、「このはたおりをば聞くや。一首つかうまつれ」と仰せられければ、「あおやぎの」と、はじめの句を申し出だしたるを、さぶらひける女房達、折にあはずと思ひたりげにて、笑ひ出だしたりければ、「ものを聞きはてずして笑ふやうやある」と仰せられて、「とくつかうまつれ」とありければ、

Z青柳のみどりの糸を（注4）くりおきて夏（注5）へて秋ははたおりぞ鳴く

とよみたりければ、おとど感じ給ひて、萩おりたる御直垂《ひたたれ》を、おし出だしてたまはせけり。

（注）1　名簿――新しく家来になる者が主人に差し出す名札。
2　はたおり――きりぎりす。
3　下格子――格子（＝細い角材を縦・横に細かく組み合わせて作った建具。窓や出入口に取り付ける）を下ろすこと。
4　くりおきて――（糸を）たぐって巻きためておいて。
5　へて――「経て」と「綜て（＝縦糸を伸ばして機《はた》にかけて）」の掛詞。

問１　傍線部Ａ「小式部が歌のよきは、母の和泉式部によませて、ぬしになる、」の解釈として最も適当なものを、次の①〜⑤のうちから一つ選べ。解答番号は 1 。

① 小式部が歌に優れているのは、母の和泉式部が作った歌をうまく模倣するからだ、
② 小式部の歌で優れているのは、母の和泉式部に詠んでもらった歌を自作として発表したものだ、
③ 小式部の歌で優れているのは、母の和泉式部が作った歌からうまい言い回しを借りたものだ、
④ 小式部が歌に優れているのは、母の和泉式部に見せて出来のいいのを選んでもらうからだ、
⑤ 小式部の歌で優れているのは、母の和泉式部に見せて手を入れてもらったものだ、

問２　傍線部Ｘ「大江山いく野のみちの遠ければまだふみも見ず天の橋立」の歌の説明として**正しくないもの**を、次の①〜⑦のうちから**すべて**選べ。解答番号は 2 。

① 四句切れの歌である。
② 「いく野」の「いく」に「行く」を掛けている。
③ 「ふみ」は小式部が母に宛てた手紙である。
④ 「ふみ」は「橋」の縁語である。
⑤ 「丹後より使ひは来ずや」に対する返答の歌である。
⑥ 「天」に「尼」を掛けている。
⑦ 体言止めを用いている。

問3　傍線部Xの歌に対する定頼の反応について、【文章Ⅰ】の『和歌威徳物語』では「中納言伏目になりて、いふべきことばもなくて立たれけり」（傍線部B）となっているが、同じ話を収めた他の作品ではⅰ～ⅳのようになっている。定頼の反応として、このⅰ～ⅳのいずれからも読み取れないものを、後の①～④のうちから一つ選べ。解答番号は 3 。

ⅰ「いかにかかるやうはあるとて、ついゐて、この歌の返しせむとて、しばしは思ひけれど、え思ひ得ざりければ、ひきはり逃げにけり。」（『俊頼髄脳』）

ⅱ「定頼ひきやり逃げしと云々。」（『袋草紙』）

ⅲ「思はずに、あさましくて、『こはいかに、かかるやうやはある』とばかりいひて、返歌にも及ばず、袖を引き放ちて、逃げられけり。」（『十訓抄』）

ⅳ「思はずにあさましくて、『こはいかに』とばかりいひて、返しにも及ばず、袖をひきはなちてにげられにけり。」（『古今著聞集』）

① 返歌の詠めない自分が浅ましく、自己嫌悪に陥った。
② 小式部が即興で歌を詠んだことにたいそう驚いた。
③ いったんは返歌を詠もうとしたものの、詠めなかった。
④ 小式部がつかんでいた袖を振り払って逃げ去った。

問4　傍線部C「蔵人五位たがひて、人も候はぬ」の解釈として最も適当なものを、次の①～⑤のうちから一つ選べ。解答番号は 4 。

① 蔵人五位がいらっしゃって、他の人もいらっしゃいました。
② 蔵人五位が格子を下ろし忘れて、他の人も忘れておりました。
③ 蔵人五位が人々を連れ出していて、誰もいらっしゃいません。
④ 蔵人五位があいにく居合わせなくて、ほかに誰もおりません。
⑤ 蔵人五位が自分の務めを怠って、誰もその代わりをしません。

問5　傍線部Y「ちはやぶる神の斎垣にあらねどもなみのうへにもとりゐたちけり」の歌と、傍線部Z「青柳のみどりの糸をくりおきて夏へて秋ははたおりぞ鳴く」の歌の共通点の説明として最も適当なものを、次の①～⑤のうちから一つ選べ。解答番号は 5 。

① Yの歌もZの歌も、出だしは決してよくないが、最後は無難にまとめてあるので、歌人たちの力量のほどがよく推し量られる歌である。
② Yの歌もZの歌も、その場に合った自然の風物をいくつも詠み込んであるうえに、枕詞と掛詞を用いた、修辞的にも優れた歌である。
③ Yの歌もZの歌も、修辞的には大したことはないものの、当時の人びとの自然観や美意識がよくうかがえる、巧まざる名歌である。

④　Yの歌もZの歌も、素人が詠んだものであるゆえに叱責や失笑を誘ったけれども、自然の風物をありのままに詠んだ、素直な歌である。

⑤　Yの歌もZの歌も、その場の状況に合わない言葉で始めながらも最後に合わせてまとめるという、意外性と統一感が際立つ歌である。

問6　【文章Ⅱ】と【文章Ⅲ】は、話の構成や各人物が果たす役割が似ている。その役割が対応する関係にある人物の組み合わせとして最も適当なものを、次の①〜⑥のうちから二つ選べ。ただし、解答の順序は問わない。解答番号は［6］・［7］。

①　Ⅱの「小式部」とⅢの「花園左大臣」

②　Ⅱの「和泉式部」とⅢの「女房達」

③　Ⅱの「公卿・殿上人」とⅢの「女房達」

④　Ⅱの「北面の人々」とⅢの「侍」

⑤　Ⅱの「院」とⅢの「花園左大臣」

⑥　Ⅱの「北面の人々」とⅢの「花園左大臣」

〔一九八六年度本試験第3問・改〕

演習問題１

解答

解答

問１　②（７点）　問２　③・⑥（８点・各４点）　問３　①（８点）
問４　④（６点）　問５　⑤（８点）　問６　②-⑤（８点・各４点）
（注）－（ハイフン）でつながれた正解は、順序を問わない。

出典

Ⅰ・Ⅱ　**『和歌威徳物語』**〈巻四　人愛〉
Ⅲ　**橘成季『古今著聞集』**〈巻五　和歌第六〉

『和歌威徳物語』は一六八九年（元禄二年）刊。和歌の功徳を説いた説話集。すなわち和歌を詠むことによって神仏や人びとの心を動かし、利益を得るという歌徳説話を集めたものである。全五巻。

『古今著聞集』は鎌倉時代中期の説話集。編者は**橘成季**。平安中期から鎌倉初期までの日本の説話約七〇〇話を集め、神祇・釈教・政道などの三十編に分ける。全二十巻。

全訳

Ⅰ　小式部の歌で優れているのは、母の和泉式部に詠んでもらって、（その歌を）自作として発表したものだ、と御所中に言い広められたことがあった。（小式部が）内心くやしいと思っていたところ、あるとき、また内裏で歌合があったときに、小式部も（歌人の）一人に指名された。いよいよその（歌合の）日が近くなったころ、中納言定頼卿が、その部屋にやって来て、「御歌会の日も近くなりました。歌はどのようになさるのですか。（母君のいらっしゃる）丹後から使いは来ませんか。さぞかし待ち遠しくお思いになっているでしょう」などと言って、からかって立ち去ろうとなさったときに、小式部が（中納言を）引き止めて（歌を）詠んだ。

（母のいる丹後国までは）大江山を越え、生野を通って行く道のりが遠いので、まだ天の橋立の地を踏んでもいませんし、（母からの）手紙もまだ見てはいません。

と、その場で説明したので、中納言は恥じ入って、言うべき言葉もなくて立ち去りなさった。これ以後、小式部は、母の力を借りなくても自分で（歌が）詠めるのだ、と世間の疑いを晴らしたのであった。

Ⅱ　さてこの小式部は、幼いころから和歌の道では世間の人びとより優れていた。十一歳のとき、母と一緒に院のお供で住吉神社へ参詣した。御法施が終わってのち、（院は）あちらこちらの浦の景色をご覧になって興じなさっておられたが、千鳥・かもめなどが波に揺られたりしており、（院はそれを）興趣深くお思いになって、「あの浮き鳥を（弓矢で）射て献上せよ」とのお言葉があったので、北面の武士たちが弓矢を持って波の上に降り立って、これ（＝水鳥）を狙った様子を、（院は）まことに折しも興趣深くご覧になって、「この情景を歌に詠め」と、和泉式部に宣旨が下った。（すると）式部は承って、「私自身の歌は目新しくありません。ここに娘を一人召し連れております。彼女に詠ませてご覧くださいませ」と申し上げたので、「それでは（その娘に詠ませてみよ）」と宣旨が下る。（それで）姫（＝小式部）は、顔を赤らめながら、母（＝式部）の方へ向かって、「ちはやぶる」と申したので、母は、「それは（この場にふさわしくない）」と言って（小式部を）とがめた。院は、不思議にお思いになって、「どうしてそのように禁じるのだろうか」とおっしゃったので、（式部は）「神の御事（を詠むとき）にこそちはやぶると申し上げるべきでございます。これは（神の御事とは）異なる場面でございますのに」と申し上げたところ、（院から）「まずくても、幼い者のことだ。差し支えあるまい。（最後まで）詠ませて聞け」とお言葉があったので、「それでは詠んでみなさ

い」と母に許されて（詠んだ）、

神社の垣根ではないけれど、波の上にも鳥居が立っているように、鳥が浮かんだり飛び立ったりしていることだ。

院をはじめとして、お供の公卿・殿上人は、たいそう感動なさった。（院は）ご感心のあまりに禁色のお着物を（小式部に）下さり、小式部の内侍として（内裏に）召されたのであった。母の（誇らしい）気持ちを思いやることができよう。それ以後（小式部は）内裏に召されて、時勢に合って栄えたのだった。

Ⅲ　花園左大臣家に、初めて出仕した侍が、名札の端に、特技は歌を詠むことと書いておいた。大臣は、秋の初めに南殿に出て、きりぎりすが鳴くのを味わい楽しんでいらっしゃったところ、日が暮れたので、「格子を下ろしに誰か参上せよ」とおっしゃったけれど、「蔵人五位が（あいにく）居合わせなくて、ほかに誰もおりません」と申して、この侍が参上したところ、「それならすぐにお前が下ろせ」と（大臣の）仰せがあったので、（侍が）格子を下ろし申し上げていると、「お前は歌詠みだったな」と（大臣が）おっしゃったので、（侍は）つつしんで（そこに）控えて格子を下ろしかけたままにしておりますと、（大臣が）「このきりぎりすの声が聞こえるか。（これを題にして）一首歌を詠め」とおっしゃったので、（侍は）「青柳の」と、最初の句を詠み出し申し上げたところ、伺候していた女房達が、季節に合わないと思っている様子で、笑い出したので、（大臣は）「ものを最後まで聞かないで笑うようなことがあるか」とおっしゃって、「早く（最後まで）詠め」ということだったので、（侍が）

春に青柳の緑の糸をたぐって巻きためておき、夏になれば糸を伸ばして織機にかけ、夏を経て秋には機《はた》を織る音を立ててはたおり（＝きりぎりす）が鳴いていることだ。

と詠んだところ、大臣は感心なさって、萩の模様を織った御直垂を、（御簾の下から）押し出して（侍に）お与えになった。

【問３の引用箇所】

i　なんとこんなことがあるだろうかと思って、ひざまずいて、この歌の返歌を詠もうと思って、しばらくは考えたけれど、どうしても（返歌を）思いつくことができなかったので、（小式部につかまれていた袖を）引っ張って逃げてしまった。（『俊頼髄脳』）

ii　定頼は（つかまれていた袖を）振り払って逃げたとか云々。（『袋草紙』）

iii　思いがけないことで、驚いてしまい、「これはなんということだ、こんなことがあるだろうか」とだけ言って、返歌もできず、（つかまれていた）袖を引き離して、お逃げになった。（『十訓抄』）

iv　思いがけないことで驚いてしまい、「これはなんということだ」とだけ言って、返歌もできず、（つかまれていた）袖を引き離してお逃げになった。（『古今著聞集』）

≫ 語　句

Ⅰ　**歌合**＝歌人たちを左方と右方に分け、題を決めて詠んだ歌を左右一首ずつ組み合わせて、判者がその優劣を判じて勝負を争う催し物。

心もとなし＝待ち遠しい。気がかりだ。はっきりしない。

Ⅱ　**宣旨**＝天皇の命令を伝えること。またその内容や文書。

いとけなし＝幼い。あどけない。

御感＝天皇・院が感心して褒めること。

Ⅲ　**おとど**＝大臣・公卿の敬称。女房・乳母などの敬称。貴人の邸宅の敬称。

～さす＝動作をしかけて途中でやめる意を表す接尾語。～しかける。

つかうまつる＝「す」「なす」「作る」「行ふ」などの動詞の代わりに用いられる謙譲語。「仕ふ」の謙譲語。本文では

「詠む」の代用で、〝お詠みする〟の意。大臣が侍の動作を謙譲語で表した自敬表現である。

解説

問1　標準　1　正解は②

傍線部の解釈を問う設問。まず「**小式部が歌のよきは**」について。選択肢は、「小式部が歌に」とするものと「小式部の歌で」とするものとに分かれる。この違いが大きな決め手となる可能性もあるので、それぞれの用法を確認しておこう。格助詞「**が**」には連体修飾格（～の）、主格（～が）、同格（～で）、準体格（～のもの）の用法がある。格助詞「**の**」にはこれらに加えて連用修飾格（～のように）の用法がある。これらを組み合わせて文脈が通るのは、(1)「が」を主格、「の」を主格ととった〝小式部が歌が優れているのは〟（該当選択肢なし）、(2)「**が**」を連体修飾格、「**の**」を同格ととった〝小式部の歌で優れているのは〟（選択肢②・③・⑤）、そして、(3)「が」を連体修飾格、「の」を連用修飾格ととった〝小式部の歌のように優れているのは〟（該当選択肢なし）の三つである。次に「母の」の「の」は文脈的に連体修飾格ととる他はない。

「よませて」の「せ」は使役の助動詞「す」の連用形。「ぬし」は〝主人。持ち主。作者〟などの意がある。ここは小式部の歌について述べる箇所であるから、〝作者〟の意ととるのが適当である。

選択肢を判別するにあたっては「よませて」の解釈に注目すればよく、「**詠んでもらった**」と解釈した②が正解とわかる。「せ」は使役なので「詠ませて」と訳せばよさそうなものだが、〈母親に詠ませる〉という表現は適切でないために、このような訳になる。使役を〝～してもらう〟と訳すのは決して珍しいことではない。また「ぬしになる」を直訳すると〝作者になる〟となるが、解釈すると「自作として発表したものだ」となる。**単なる直訳ではなく、必要な言葉を補ってわかりやすく説明的に訳す**のが「解釈」である。

① 格助詞「の」を「に」と訳しており不適。内容説明の設問ならそれでもよいが、口語訳（解釈）の設問なので、正確に訳さなければならない。「よませて」以下の解釈も不適。
③「よませて」「ぬしになる」の解釈が不適。
④ 格助詞「の」を「に」と訳しており不適。「よませて」「ぬしになる」の解釈も不適。
⑤「よませて」「ぬしになる」の解釈が不適。

問2　標準　2　正解は③・⑥

和歌の内容・修辞を問う設問。小式部の詠んだ秀歌は実は母の和泉式部が代作したものだというあらぬ噂が御所中に広まっていたとき、中納言定頼が小式部をからかって、今度の歌会で詠む歌はどうするのか、丹後にいる母親からまだ歌を送ってもらっていないのかと尋ねたところ、**小式部が即興で歌を詠んで定頼をやり込めた**という筋をふまえる。「大江山」の歌は『小倉百人一首』の第六十番に選ばれた歌で、「大江山」「生野」「天の橋立」という三つの歌枕を詠み込み、掛詞や縁語を駆使した名歌である。

設問は、**正しくないものをすべて選べ**という形式を採用している。これは、正しいものを「すべて選べ」という、第1回プレテスト（漢文・**問5**）の形式にならったものである（演習問題5参照）。消去法で解く。

①**適当**。第四句「まだふみも見ず」の「ず」は打消の助動詞「ず」の連用形あるいは終止形である。前者（＝連用形）なら下の用言に続くか、接続助詞「て」が付く。しかし下は体言「天の橋立」なのでいずれでもない。よって終止形となり、ここで句切れとなる。なお句切れとは**歌の途中で、文として完結している句末**をいい、主として終止形、命令形、終助詞、係り結びの結びの語句が現れる箇所になる。第一句で切れれば初句切れといい、第二句以下、順に二句切れ・三句切れ・四句切れという。句切れのないものは句切れなしという（五句切れとはいわない）。また初句切

れ・三句切れを七五調といい、二句切れ・四句切れを五七調という。

②**適当**。「いく野」が地名であることは（注）１からわかる。また直後に「みち」とあるから、〝いく野を通って行く道〟と、意味が二重になっていることがわかる。**固有名詞に別の語句を掛ける**のは掛詞の常套手段である。

③**不適**。「まだふみも見ず」とは、定頼の「丹後より使ひは来ずや」という質問に対する返答であるから、この「ふみ（＝手紙）」は小式部が母に宛てた手紙ではなく、**母が小式部に宛てた返書のこと**である。そこには小式部が歌合で詠むための歌が書かれている――もちろんこれは事実ではない。母からの返事は届いたかという質問に対して、母に代作してもらわなくても自分で歌が詠めるとストレートに返したのでは無粋である。それよりもこの質問に合わせて、まだ母の返事は届いていないという内容の歌で返した方が気が利いているだけでなく、歌の実力を証明していることにもなる。だからこの歌の後の文で「小式部、母がちからを借らざれども自身とよめるなりけり」と評されるわけである。

④**適当**。**連想が結びつくような関係にあるそれぞれの語**を縁語といい、『古今和歌集』などで繰り返し用いられた。この歌の場合、「いく」と「みち」も縁語に見えるが、この二語は文脈的につながるだけで縁語にはならない。これに対して「ふみ（踏み）」と「橋」は文脈を越えて連想的に結びついており、縁語の例となる。

⑤**適当**。③の解説に示したとおりである。

⑥**不適**。同音異義を利用して一つの語、またはその一部分に二つの意味を持たせて**意味を二重にし、内容を膨らませる**のが掛詞である。したがってその二つの意味が歌の中で生きていなければならず、それを訳に反映させるのが基本である。地名「天の橋立」の「天」と「尼」はなるほど同音異義の関係になるが、「尼」の意味はこの歌の内容とは無関係であるから、この語は掛詞にはならない。

⑦**適当**。名詞「天の橋立」で歌が終わっているので、**体言止め**である。

問3　標準　3　正解は①　複数資料

引用箇所に関する説明の適否を問う設問。各引用箇所の内容をおさえたうえで消去法で解く。

『和歌威徳物語』：「伏目」は文字通り目を下向きにすること。そして何も言えずに立ち去ったと述べている。定頼は、小式部が自分で歌を詠めることを証明したために、彼女をからかった自分が恥ずかしくていたたまれなくなったのである。

i　『俊頼髄脳』：「いかにかかるやうはある」とは、〝なんとこんなことがあるものか〟と**非常に驚く**様子をいう。「ついゐ（ついゐる）」は〝ひざまずく〟の意。「返しせむ」の「む」は意志の助動詞。「え思ひ得ざりければ」の「え」は可能の意を表す副詞で、「ざり（ず）」と呼応して〝〜できない〟の意を表す。「ひきはり（ひきはる）」は〝引っ張る〟の意。定頼はいったんは返歌を詠もうとしたものの、**詠むことができず**、**袖を引っ張って逃げ出した**というのである。

ii　『袋草紙』：「ひきやり（ひきやる）」は〝振り払う〟の意。たんに**袖を振り払って逃げた**と述べている。

iii　『十訓抄』：「思はず」は〝思いがけない〟の意。「あさましく（あさまし）」は〝意外だ。情けない〟の意。ここは、小式部が即座に歌を詠んで返したことに対する驚きを表すので、前者の意。「こはいかに」は、〝これはどうしたことだ〟の意の慣用表現。「ばかり」は限定の副助詞。定頼は小式部が即興の歌で応酬したことに**ひどく驚いている**。「及ばず」は〝〜ができず〟の意。驚くばかりで**返歌が詠めず**、**袖を振り払って逃げた**と述べている。

iv　『古今著聞集』：iiiの『十訓抄』とほぼ同じ内容。「返し」は〝返歌〟の意。

①**不適**。「自分が浅ましく、自己嫌悪に陥った」ことは読み取れない。iii・ivの「あさましく」は、小式部の即興歌に対する驚きを表している。

②**適当**。i・iii・ivの内容に合致する。

③適当。ｉの内容に合致する。

④適当。ｉ～ⅳすべての内容に合致する。

問４　標準　4　正解は④

傍線部の解釈を問う設問。「たがひ」は四段動詞「たがふ（違ふ）」の連用形で、〝違う。背く。普通でなくなる。行き違う〟などの意がある。直後の「候はぬ」から、ここは蔵人五位が居合わせないことをいう。「候は」は四段動詞「候《さぶら》ふ」の未然形で、謙譲語なら〝お仕えする〟、丁寧語なら〝おります〟の意になる。ここは格子を下ろす役目の者が不在であることを言っているので、**丁寧語の用法**になる。「ぬ」は未然形に接続しているので、打消の助動詞「ず」の連体形である（もし連用形接続なら完了・強意の助動詞「ぬ」の終止形である）。この「ぬ」のように、中世以降、連体形が終止形の代わりに使われる用例が多くなる（終止形と連体形の合流）。選択肢は「たがひ」の訳に着眼して、「居合わせなくて」とある④を選択すればよい。

①「たがひ」「候は」を尊敬語で訳しているのと、「ぬ」を完了で訳しているのが誤り。

②「ぬ」を完了で訳しているのが誤り。「忘れており」という解釈も「候は」の語意に合わない。

③「候は」を尊敬語で訳しているのが誤り。「人々を連れ出していて」も本文から読み取れない解釈。

⑤「人も候はぬ」を「誰もその代わりをしません」と訳しており不適。

問5　やや難　5　正解は⑤　複数資料

二首の歌の共通点を問う設問。まずYの歌について。句切れなし。「ちはやぶる」は「神」にかかる枕詞。「あらねども」の「ね」は打消の助動詞「ず」の已然形。「ども」は逆接の接続助詞。「とりゐたち」の「とりゐ」に「鳥居」を掛ける。「斎垣」「とりゐ」が「神」の縁語。「ゐたつ」は〝座ったり立ったりする〟の意で、ここは水鳥が波に浮かんだり飛び立ったりするさまを表す。この歌は水鳥が浮かぶ浦の景色をテーマに詠んだものであるから、「ちはやぶる」という初句は状況に合わないとして、いったんは母に叱責される（「神の御事にこそちはやぶるとは申すべけれ……」）。しかし下の句でうまくこの情景に合わせている。

次にZの歌について。句切れなし。「青柳のみどりの糸」は、青柳の細い形状を糸にたとえた表現。「へて」が掛詞（注）5参照）。「はたおり」も「機織り」と「はたおり（＝きりぎりす）」の掛詞。「糸」「くり」「へて」が「はたおり（機織り）」の縁語になる。「青柳（春）」→「夏」→「秋」と季節の推移を巧みに表現している。この歌も初句の「青柳の」が、テーマであるきりぎりすの鳴き声と季節が合わないとして、女房達の失笑を買うが（「折にあはずと思ひたりげにて、笑ひ出だしたりければ」）、結句で巧みに秋に合わせている。

以上をふまえて選択肢を吟味する。消去法で解く。

①不適。「出だしは決してよくない」とは言えない。Y・Zの歌ともに、初句にその場の状況に合わない言葉を用いたのは、意外性の効果を狙った戦略である。

②不適。「その場に合った自然の風物をいくつも詠み込んである」とは言えない。Yの歌の「斎垣」と「とりゐ（鳥居）」、Zの歌の「青柳」以下「へて」まで、「その場」にはない。また、Zの歌に枕詞はない。

③不適。Zの歌は掛詞と縁語が駆使されている。また「当時の人びとの自然観や美意識がよくうかがえる」とも言えない。

④不適。Y・Zの歌ともに「自然の風物をありのままに詠んだ、素直な歌」ではない。

⑤適当。右に検討したようにY・Zの歌ともに「意外性と統一感が際立つ歌」である。

□□ **問6** 標準 6・7 正解は②・⑤ 文章全体 複数資料

二つの話の構成・人物関係の類似点を問う設問。まず【文章Ⅱ】の話は、院のお供をして住吉神社に参詣した和泉式部が、院に歌を詠むように命じられたとき、娘の小式部に詠ませてはどうかと提案して院に認められる。そこで小式部が初句を詠んだところ、和泉式部がそれはこの場の状況に合わないととがめる。しかし院は、構わないから小式部に詠ませるように言ったので、和泉式部に許されて小式部が最後まで詠んだところ、人びとから賞賛され、院からも褒美をもらい、そして内裏女房となって栄えた、というもの。次に【文章Ⅲ】の話は、花園左大臣に仕える侍が大臣に歌を詠むように命じられて、初句を詠んだところ、女房達が時節に合わないと思って笑い出した。それを大臣が制して侍に最後まで詠めと言ったので、侍が詠んだところ、大臣が感心して褒美を与えた、というもの。したがってこの二つの話で役割の類似した人物関係を表形式でまとめると次のようになり、これに合致するのは②と⑤である。

話	詠歌を命じた人	歌を詠んだ人	叱責または失笑した人	褒美を与えた人	褒美をもらった人
【文章Ⅱ】	院（和泉式部）	小式部	和泉式部	院	小式部
【文章Ⅲ】	花園左大臣	侍	女房達	花園左大臣	侍

演習問題2

問題　次の文章は、『栄花物語』の一節である。藤原長家（本文では「中納言殿」）の妻が亡くなり、親族らが亡骸《なきがら》をゆかりの寺（法住寺《ほうじゅうじ》）に移す場面から始まっている。これを読んで、後の問い（**問1～5**）に答えよ。（配点　50）　≫目標時間　20分

大北の方も、この殿ばら(注1)も、またおしかへし臥《ふ》しまろばせたまふ。これをだに悲しくゆゆしきことにいはでは、また何ごとをかはと見えたり。さて御車の後《しり》(注2)に、大納言殿(注3)、中納言殿、さるべき人々は歩ませたまふ。いへばおろかにて、(ア)えまねびやらず。北の方(注4)の御車や、女房たちの車などひき続けたり。御供の人々など数知らず多かり。法住寺には、常の御渡りにも似ぬ御車などのさまに、僧都《そうづ》(注5)の君、御目もくれて、え見たてまつりたまはず。さて御車かきおろして、つぎて人々おりぬ。

さてこの御忌《いみ》のほどは、誰《たれ》もそこにおはしますべきなりけり。山の方をながめやらせたまふにつけても、わざとならず色々にすこしうつろひたり。鹿の鳴く音《ね》に御目もさめて、今すこし心細さまさりたまふ。宮々(注6)よりも思《おぼ》し慰むべき御消息《せうそこ》たびたびあれど、ただ今はただ夢を見たらんやうにのみ思されて過ぐしたまふ。月のいみじう明《あか》きにも、思し残させたまふことなし。内裏《うち》わたりの女房も、さまざま御消息聞こゆれども、よろしきほどは、A「今みづから」とばかり書かせたまふ。進内侍《じんのないし》と聞こゆる人、聞こえたり。

契りけん千代は涙の水底《みなそこ》に枕ばかりや浮きて見ゆらん

中納言殿の御返し、

起き臥しの契りはたえて尽きせねば枕を浮くる涙なりけり

また東宮の若宮の御乳母《めのと》の小弁《こべん》、

X　悲しさをかつは思ひも慰めよ誰もつひにはとまるべき世か

御返し、

Y　慰む方しなければ世の中の常なきことも知られざりけり

かやうに思しのたまはせても、いでや、もののおぼゆるにこそあめれ、まして月ごろ、年ごろにもならば、思ひ忘るるやうもやあらんと、われながら心憂く思さる。何ごとにもいかでかくと(イ)めやすくおはせしものを、顔かたちよりはじめ、心ざま、手うち書き、絵などの心に入り、さいつころまで御心に入りて、うつ伏しうつ伏して描《か》きたまひしものを、この夏の絵を、枇杷《びは》殿《どの》にもてまゐりたりしかば、いみじう興じめでさせたまひて、納めたまひし、B よくぞもてまゐりにけるなど、思し残すことなきままに、よろづにつけて恋しくのみ思ひ出できこえさせたまふ。年ごろ書き集《つ》めさせたまひける絵物語など、みな焼けにし(注7)後《のち》、去年《こぞ》、今年のほどにし集めさせたまへるもいみじう多かりし、(ウ)里に出でなば、とり出でつつ見て慰めむと思されけり。

（注）
1　この殿ばら――故人と縁故のあった人々。
2　御車――亡骸を運ぶ車。
3　大納言殿――藤原斉信。長家の妻の父。
4　北の方――「大北の方」と同一人物。
5　僧都の君――斉信の弟で、法住寺の僧。
6　宮々――長家の姉たち。彰子や妍子（枇杷殿）ら。
7　みな焼けにし後――数年前の火事ですべて燃えてしまった後。

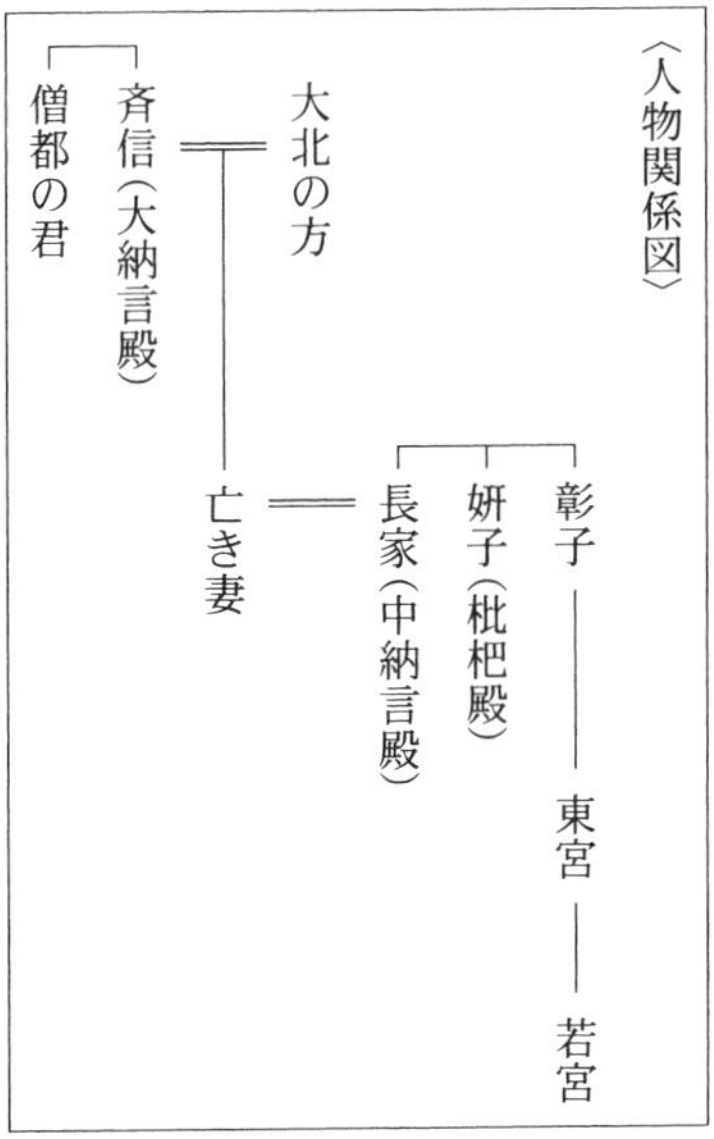

問1　傍線部(ア)～(ウ)の解釈として最も適当なものを、次の各群の①～⑤のうちから、それぞれ一つずつ選べ。解答番号は 22 ～ 24 。

(ア)　えまねびやらず　22

① 信じてあげることができない
② かつて経験したことがない
③ とても真似《まね》のしようがない
④ 表現しつくすことはできない
⑤ 決して忘れることはできない

(イ)　めやすくおはせしものを　23

① すばらしい人柄だったのになあ
② すこやかに過ごしていらしたのになあ
③ 感じのよい人でいらっしゃったのになあ
④ 見た目のすぐれた人であったのになあ
⑤ 上手におできになったのになあ

(ウ)　里に出でなば　24

① 自邸に戻ったときには
② 旧都に引っ越した日には
③ 山里に隠棲《いんせい》するつもりなので
④ 妻の実家から立ち去るので
⑤ 故郷に帰るとすぐに

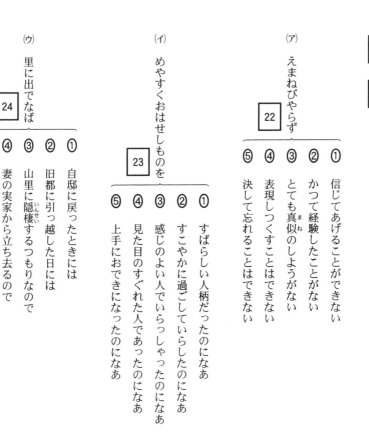

問2　傍線部**A**「『今みづから』とばかり書かせたまふ」とあるが、長家がそのような対応をしたのはなぜか。その理由の説明として最も適当なものを、次の①～⑤のうちから一つ選べ。解答番号は 25 。

① 並一通りの関わりしかない人からのおくやみの手紙に対してまで、丁寧な返事をする心の余裕がなかったから。
② 妻と仲のよかった女房たちには、この悲しみが自然と薄れるまでは返事を待ってほしいと伝えたかったから。
③ 心のこもったおくやみの手紙に対しては、表現を十分練って返事をする必要があり、少し待ってほしかったから。
④ 見舞客の対応で忙しかったが、いくらか時間ができた時には、ほんの一言ならば返事を書くことができたから。
⑤ 大切な相手からのおくやみの手紙に対しては、すぐに自らお礼の挨拶にうかがわなければならないと考えたから。

問3　傍線部**B**「よくぞもてまゐりにけるなど、思し残すことなきままに、よろづにつけて恋しくのみ思ひ出できこえさせたまふ」の語句や表現に関する説明として最も適当なものを、次の①～⑤のうちから一つ選べ。解答番号は 26 。

① 「よくぞ……ける」は、妻の描いた絵を枇杷殿へ献上していたことを振り返って、そうしておいてよかったと、長家がしみじみと感じていることを表している。

② 「思し残すことなき」は、妻とともに過ごした日々に後悔はないという長家の気持ちを表している。

③ 「ままに」は「それでもやはり」という意味で、長家が妻の死を受け入れたつもりでも、なお悲しみを払拭することができずに苦悩していることを表している。

④ 「よろづにつけて」は、妻の描いた絵物語のすべてが焼失してしまったことに対する長家の悲しみを強調している。

⑤ 「思ひ出できこえさせたまふ」の「させ」は使役の意味で、ともに亡き妻のことを懐かしんでほしいと、長家が枇杷殿に強く訴えていることを表している。

問4　この文章の登場人物についての説明として最も適当なものを、次の①～⑤のうちから一つ選べ。解答番号は 27 。

① 親族たちが悲しみのあまりに取り乱している中で、「大北の方」だけは冷静さを保って人々に指示を与えていた。

② 「僧都の君」は涙があふれて長家の妻の亡骸を直視できないほどであったが、気丈に振る舞い亡骸を車から降ろした。

③ 長家は秋の終わりの寂しい風景を目にするたびに、妻を亡くしたことが夢であってくれればよいと思っていた。

④ 「進内侍」は長家の妻が亡くなったことを深く悲しみ、自分も枕が浮くほど涙を流していると嘆く歌を贈った。

⑤ 長家の亡き妻は容貌もすばらしく、字が上手なことに加え、絵にもたいそう関心が深く生前は熱心に描いていた。

問5 次に示す**【文章】**を読み、その内容を踏まえて、**X**・**Y**・**Z**の三首の和歌についての説明として適当なものを、後の①～⑥のうちから**二つ**選べ。ただし、解答の順序は問わない。解答番号は 28 ・ 29 。

【文章】

『栄花物語』の和歌**X**と同じ歌は、『千載和歌集』にも記されている。妻を失って悲しむ長家のもとへ届けられたという状況も同一である。しかし、『千載和歌集』では、それに対する長家の返歌は、

Z 誰もみなとまるべきにはあらねども後《おく》るるほどはなほぞ悲しき

となっており、同じ和歌**X**に対する返歌の表現や内容が、『千載和歌集』の和歌**Z**と『栄花物語』の和歌**Y**とでは異なる。『栄花物語』では、和歌**X**・**Y**のやりとりを経て、長家が内省を深めてゆく様子が描かれている。

① 和歌**X**は、妻を失った長家の悲しみを深くは理解していない、ありきたりなおくやみの歌であり、「悲しみをきっぱり忘れなさい」と安易に言ってしまっている部分に、その誠意のなさが露呈してしまっている。

② 和歌**X**が、世の中は無常で誰しも永遠に生きることはできないということを詠んでいるのに対して、和歌**Z**はその内容をあえて肯定することで、妻に先立たれてしまった悲しみをなんとか慰めようとしている。

③ 和歌**X**が、誰でもいつかは必ず死ぬ身なのだからと言って長家を慰めようとしているのに対して、和歌**Z**はひとまずそれに同意を示したうえで、それでも妻を亡くした今は悲しくてならないと訴えている。

④ 和歌**Z**が、「誰も」「とまるべき」「悲し」など和歌**X**と同じ言葉を用いることで、悲しみを癒《い》やしてくれたことへの感謝を表現しているのに対して、和歌**Y**はそれらを用いないことで、和歌**X**の励ましを拒む姿勢を表明している。

⑤ 和歌**Y**は、長家を励まそうとした和歌**X**に対して私の心を癒やすことのできる人などいないと反発した歌であり、長家が他人の干渉をわずらわしく思い、亡き妻との思い出の世界に閉じこもってゆくという文脈につながっている。

⑥ 和歌**Y**は、世の無常のことなど今は考えられないと詠んだ歌だが、そう詠んだことでかえってこの世の無常を意識してしまった長家が、いつかは妻への思いも薄れてゆくのではないかと恐れ、妻を深く追慕してゆく契機となっている。

〔二〇二一年度本試験第1日程第3問〕

演習問題2

解答

解答

問1　(ア)＝④　(イ)＝③　(ウ)＝①（15点・各5点）　問2　①（7点）　問3　①（6点）
問4　⑤（6点）　問5　③-⑥（16点・各8点）
（注）-（ハイフン）でつながれた正解は，順序を問わない。

出典

『栄花物語』〈巻第二十七　ころものたま〉
『千載和歌集』〈巻第九　哀傷歌〉

『栄花物語』は平安時代後期の歴史物語。『栄華物語』とも書き、『世継』『世継物語』とも呼ばれる。作者は赤染衛門とする説が有力だが、不詳。全四十巻。宇多天皇から堀河天皇までの歴史を編年体で描き、特に藤原道長に焦点が当てられ、その生涯を讃美する傾向が見られる。物語的要素が強く、『源氏物語』の影響を受けている。

『千載和歌集』は平安時代末期に編纂された、第七番目の勅撰和歌集である。撰者は藤原俊成。全二十巻。

段落要旨

本文は三段落から成る。各段落のあらすじは次の通り。

1

長家の亡妻の移送（大北の方も、この殿ばらも…）第一段落

いよいよ移送の段になると、人々は改めて激しく泣き臥した。亡骸を運ぶ車を先頭に移送の列が長く続き、法住寺に到着すると、**僧都**が出迎えた。**僧都**も涙で目がくもってしまった。

2

長家と進内侍たちとの和歌の贈答（さてこの御忌のほどは…）第二段落

人々は喪の期間、法住寺に籠もった。寂しい思いでいる**長家**を慰めようと姉たちや女房たちが和歌を贈ったが、**長家**はしかるべき人たちにのみ返歌を返した。

3

亡き妻に対する長家の尽きぬ思い（かやうに思しのたまはせても…）第三段落

長家は亡き**妻**が万事すぐれていたこと、字が上手だったこと、絵を描くことにとても興じていたことなど、**妻**への思いが尽きなかった。そして、家に帰ったら**妻**が集めた絵物語を見て心を慰めようと考えた。

※　リード文の「藤原長家（本文では「中納言殿」）の妻が亡くなり……」を読んで、長家が本文の主人公であろうと予想を立てた上で本文を読み進めることが大切である。この予想があれば、第二段落以下の読解もスムーズにいくだろう。ちなみに長家は平安貴族のスーパースターとも言うべき藤原道長の六男である。道長の長男で摂政・関白・太政大臣を務めた頼通や、一条天皇の皇后となった彰子たちと兄弟になる（問題に付けられた〈人物関係図〉に彰子の名があるので気付いたかもしれない）。出世は権大納言までだが、和歌の才能があり、歌道の家として有名な御子左家の祖となる。その子孫に藤原俊成・定家父子がいる。亡くなった妻とは再婚で、最初の妻（藤原行成の娘）とも死別している。この再婚の妻は斉信の一人娘であった。ところが妊娠中、麻疹（はしか）と物の怪に悩まされ、生まれた男君は死産だった。妻もその後を追うように亡くなった（本文に「悲しくゆゆしきこと」とあるのはこの事情を言っている）。本文はそれに続く場面である。ちなみに妻の死後、長家は藤原正光の娘と再々婚した。

全訳

大北の方も、この（故人と縁故のあった）殿たちも、また繰り返し身を伏せて泣き崩れなさる。このことをさえ悲しくて忌まわしいことだと言わないでは、ほかに何事を（そう言えようか、いや言えない）と思われた。さて（亡骸を運ぶ）御車の後ろに、大納言殿、中納言殿、縁故のある人々がお歩きなさる。（この深い悲しみを）言葉で表しても並一通りのことで、表現し尽くすことはできない。大北の方の御車や、女房たちの車などが次々と続いている。お供の人々などが数知れず多い。法住寺では、ふだんのお越しとは似てもいない御車などの様子に、僧都の君は、（涙で）お目がくもって、拝見なさることがおできにならない。そうして（従者たちが）御車から（亡骸を）抱え下ろして、ついで人々も（御車から）下りた。

さてこの御喪の期間は、誰もがそこ（＝法住寺）にお籠りになるはずであった。（中納言殿は）東山の方を遠く見やりなさるにつけても、（木々は）自然とさまざまな色に少し紅葉している。鹿の鳴く声にお目も覚めて、少しばかり心細さも募りなさる。宮様方よりもお心が慰められそうなお便りがたびたびあるけれど、今はただもう夢を見ているようにばかりお思いにならずにはいられなくて（日々を）お過ごしになる。月がたいそう明るいにつけても、（月を眺めて）あれこれもの思いの限りを尽くしなさる。宮中の女房も、さまざまにお便りを差し上げるけれども、並一通りの（関わりしかない）女房に対しては、「いずれ自ら（お会いしてお礼申し上げます）」とだけお書きになる。（しかし、しかるべき女房に対しては対応が違っていて）進内侍と申し上げる人が、お詠み申し上げた。

千年までも連れ添おうと奥様と約束したのもむなしく、涙の水底に枕ばかりが浮いて見えることでしょう。

中納言殿の御返歌、

（千年までも）一緒に起き伏ししようという（妻との）約束は絶えて（悲しみが）尽きないので、枕を浮かせるほどの涙であることです。

また東宮の若宮の御乳母であった小弁（の和歌は）、

X　奥様を亡くした悲しみを一方では思い慰めてください。誰もが結局は生きとどまることのできるこの世ではないのですから。

（中納言殿の）御返歌、

Y　悲しみに沈む私には心を慰めるすべもないので、この世が無常であることもわきまえられないのです。

このようにお思いになりお詠みになっても、いやいや、（自分の）意識はしっかりしているようだ、まして数カ月、数年も経てば、（悲しみを）忘れるようなこともあるかもしれないと、われながら情けなくお思いにならずにはいられない。（亡き妻は）万事どうしてこのように（すぐれているのだろう）と思われるほど感じのよい人でいらっしゃったのになあ、顔だちを始めとして、気立て（もよく）、字も上手に書き、絵などに興味を持ち、先頃まで夢中になられて、うつ伏しうつ伏して（絵を）描いていらっしゃったものだから、この夏に描いた絵を、枇杷殿の所に持って参上したところ、（枇杷殿は）たいそう興じてお褒めになって、お納めになったものだが、（我ながら）よくぞ持って参上したことだなどと、もの思いの限りを尽くしなさるにまかせて、何事につけても（亡き妻のことを）恋しくばかり思い出し申し上げなさる。（亡き妻が）長年書き集めなさった絵物語などは、（数年前の火事で）すべて燃えてしまった後、（改めて）去年、今年の間に集めなさったものもたいそう多かったが、自邸に戻ったときには、取り出して見て（心を）慰めようとついお思いになるのであった。

》語　句

北の方＝貴人の妻の敬称。側室や愛人などに対して正妻の呼び名である。

臥しまろぶ＝悲しみや喜びのあまり、身を地面に投げ出して転げ回るさまをいう。本文では悲しみのあまり激しく慟哭《どうこく》するさまを表す。

さるべき＝しかるべき。適当な。本文では亡骸の移送の列に加わるべき、ゆかりのある人々をいう。
御目もくれて＝「目もくる（暗る）」は目がくらむ、目の前が暗くなる。
かきおろす＝車などから抱え下ろす。
忌のほど＝人が死んで四十九日の法要が行われるまでの期間をいう。忌中。
わざとならず＝格別でない。さりげない。本文では木々が自然と色づいてゆくさまをいう。
月のいみじう明き＝十五日の満月のころをいう。
契る＝約束する。将来を誓う。
もののおぼゆ＝意識がはっきりしている。物心がつく。「ものおぼゆ」に同じ。
顔かたち＝容貌。「心ざま（＝気立て。性格）」と対になる語。
さいつころ＝先頃。先日。

解説

問1　標準　22～24　正解は　(ア)＝④　(イ)＝③　(ウ)＝①

(ア)「**え**」は不可能の意を表す副詞で、下に打消の語（「ず」「じ」「で」など）を伴う。両者で〝～できない〟の意になる。「**まねび**（まねぶ）」は名詞「まね（真似）」に接尾語「ぶ」が付いて動詞化したもので、〝まねをする〟〝見聞きしたことをそのまま人に伝える〟〝学問・技芸を習得する〟の意がある。ここは二番目の意になる。「**やら**（やる）」は補助動詞で、〝遠く～する〟〝（下に打消語を伴って）すっかり～する。十分に～する〟の意があるが、ここは「やらず」とあるように、後者の意となる。全体で「見聞きしたことをすっかり人に伝えることができない」と直訳できる。よって④が正解。直前の「いへばおろかにて」がヒントになる。「いへばおろかなり」は「いふもおろかなり」

などと同じく、〝言っても言い尽くせない。言うまでもない〟の意であるから、傍線部は表現の限界を表明したものであろうと見当がつこう。①・②・③・⑤は「まねび」の解釈が不適。②は「え〜ず」の解釈も不適となる。

(イ)「めやすく（めやすし）」は「目」と「安し（＝安らかだ）」が合成した形容詞で、〝見苦しくない。感じがよい〟の意。多く容姿や外見について言う。ここは長家が亡き妻について述べたものである。「おはせ（おはす）」は「あり」の尊敬語で、〝いらっしゃる〟の意。「し」は過去の助動詞「き」の連体形。「ものを」は主に逆接の確定条件（〜のに）を表す接続助詞の用法と、詠嘆（〜のになあ）の意を表す終助詞の用法がある。ここはいずれの選択肢も後者の意で解釈している。「めやすく」の意から③と④に絞られ、「おはせ」の意から②と③に絞られる。よって③が正解となる。

(ウ)宮廷人を描いた物語や日記などでは、「里」は、宮中などに仕える人が〝自宅〟、または嫁ぎ先に対する〝実家〟を指して言うのが普通である。ここは中納言が、自宅に戻ったら亡き妻が集めていた絵物語を見て心を慰めようと思ったという文脈になる。「出で（出づ）」は法住寺から出るということ。「な」は完了の助動詞「ぬ」の未然形。「ば」は順接仮定条件を表す接続助詞である。すなわち「実家に出たならば」と直訳できる。選択肢の中で仮定の意を含むのは①のみであるから、「ば」の解釈だけからでも①が正解とわかる。

問2　標準　25　正解は①

傍線部の理由を問う設問。設問で傍線部の主語が長家であることが明かされているが、本文第二段落の「山の方をながめやらせたまふにつけても」以下、長家の言動に焦点が当てられる。段落要旨の※で述べたように長家は藤原道長の子息である。中納言（最終的には権大納言）とはいえ、彼の言動の一部に「せたまふ」（尊敬の助動詞「す」の連用形「せ」＋尊敬の補助動詞「たまふ」）など、尊敬語を重ねて高い敬意を払っているのも、その辺の事情を考慮したものだろう。さて傍線部に戻ると、「今みづから」とは、**いずれ自ら会ってお礼を申し上げよう**という趣意である。これは、傍線部を含む文の冒頭に「内裏わたりの女房も、さまざま御消息聞こゆれども」とあるように、宮中に仕える女房たちが妻を亡くした長家に悔やみの手紙を送った、その返事の言葉である。その返事の相手を「よろしきほど」とことわっている。「**よろしき**（よろし）」は〝まあまあよい。普通だ〟などの意で、この意の場合、現代語の「よろしい」と違って**けっしてほめ言葉ではない**ので注意がいる。**普通のつき合いがあった程度の女房に対して**は、単に「今みづから」とだけ**儀礼上の返事を書いた**というわけである。これに対して、直後で進内侍と小弁には返歌を贈っている。妻を亡くして悲嘆にくれているという長家の事情を考えれば、**関わりの薄い女房たちにまで懇切な返事を書くゆとりがなかったから**と理由づけできる。このように本問では思考力が問われていると言えよう。

ただし、「よろしきほど」に着眼すれば、選択肢の中では「並一通りの関わりしかない」とある①が正解だとすぐにわかってしまう。「丁寧な返事をする心の余裕がなかった」という説明も適切である。傍線部およびその周辺にある**重要古語が、正解を導く手がかりとなることがある**ので注意しよう。

②「妻と仲のよかった女房たち」が不適。「よろしきほど」に合致しない。「この悲しみが自然と薄れるまでは」とあるのも、第三段落の「思ひ忘るるやうもやあらんと、われながら心憂く」（→長家は亡き妻のことを忘れるのは情けないと思っている）にそぐわない。

③「心のこもったおくやみの手紙」が不適。「よろしきほど」に合致しない。

④「見舞客の対応で忙しかった」が不適。長家たちは法住寺に籠もっているが、そこへ見舞客が訪れたとは書かれていない。

⑤「大切な相手」が不適。「よろしきほど」に合致しない。「すぐに自らお礼の挨拶にうかがわなければならない」とあるのも、寺籠もりという事情に合わない。

問3　やや難　26　正解は①

傍線部の語句・表現を問う設問。消去法で解く。その前に第三段落の①「いでや……思ひ忘るるやうもやあらん」と②「何ごとにも……よくぞもてまゐりにける」と③「里に出でなば、とり出でつつ見て慰めむ」が長家の心情描写の部分である点、および①が**長家自身の心の変化を自省した**ものであるのに対して、②は**亡き妻のありし姿を回想した**ものである点をおさえよう。特に絵を描くのが好きだったことが印象的に回想され、「うつ伏しうつ伏して描きたまひし」と、その情景がありありと思い浮かぶように描かれている。そして亡き妻が描いた絵を妍子（枇杷殿）に献呈したところ、彼女がその絵をたいそう気に入り手元に納めたことが回想される。傍線部はこれに続く。

①**適当**。「よくぞ」は副詞「よく」に強意の係助詞「ぞ」が付いたもの。〝よくぞ。よくもまあ〟の意で、褒めたり、そしったりする気持ちを表す。「もてまゐり（もてまゐる）」は〝持って参上する〟の意。「に」は完了の助動詞「ぬ」の連用形。「ける」は詠嘆の助動詞「けり」の連体形。直前で妍子が「いみじう興じめで」たことをふまえれば、ここは**妍子に絵を献呈した行為を自ら褒めている**と判断できる。「そうしておいてよかった」「しみじみと感じている」という説明は妥当である。

②**不適**。「思し残す」は「思ひ残す」の尊敬表現。「思ひ残す」は文字通り〝あれこれのもの思いをし残す〟の意。これを「なき（なし）」で否定する。よって〝もの思いを残らずする〟、言い換えれば〝もの思いの限りを尽くす〟という内容になる。「後悔はない」は現代語（「思い残すことはない」）に拠った説明で、誤りとなる。

③**不適**。「ままに」は名詞「まま」に格助詞「に」が付いた形で、接続詞的に働く。〝…にまかせて。…につれて。…のとおりに。…やいなや〟といった意がある。ここは長家がもの思いにふける場面なので、〝もの思いにふけるのにまかせて〟ということになる。よって「それでもやはり」という逆接的な説明は誤りとなる。

④**不適**。「よろづ」は〝万事〟の意。「恋しく」は亡き妻が恋しいということ。「思ひ出できこえさせたまふ」の「きこ

え（きこゆ）」は謙譲の補助動詞で亡き妻への敬意を表す。尊敬語を重ねた「させたまふ」は長家への敬意を表す。この敬語表現からも、「よろづにつけて」は亡き妻の在りし日の様子や言動などについて述べたものであることがわかる。よって「妻の描いた絵物語のすべてが焼失してしまったこと」が誤りとなる。

⑤不適。④で確認したように「させ（さす）」は「使役」ではなく尊敬の意である。「亡き妻のことを懐かしんでほしい」という説明も誤りで、もしそうなら他者への願望を表す終助詞「なむ」、あるいは命令形（「思ひ出でたまへ」）がなければならない。

問4　標準　27　正解は⑤

文章全体

登場人物それぞれの言動を問う設問。消去法で解く。

①不適。第一段落冒頭に「大北の方も、この殿ばらも、またおしかへし臥しまろばせたまふ」とあるように、**「大北の方」も「悲しみのあまりに取り乱して」おり**、「冷静さを保って人々に指示を与えていた」という説明は誤りとなる。

②不適。「涙があふれて長家の妻の亡骸を直視できない」とあるのは、第一段落の「御目もくれて、え見たてまつりたまはず」に合致する。しかし「気丈に（＝気持ちをしっかり保って）振る舞い亡骸を車から降ろした」が誤りとなる。**「御車かきおろして（＝亡骸を抱き下ろして）」の主語は従者たち**である。僧都の動作には「御目」「え見たてまつりたまはず」と尊敬語が使われている。

③不適。「秋の終わりの寂しい風景」とあるのは第二段落の「わざとならず色々にすこしうつろひたり（＝紅葉している）。鹿の鳴く音に」に合致する。ただこれだけで「秋の終わり」と判断させるのは厳しい。実は亡骸を法住寺に移したのが陰暦九月十五日、四十九日目の法事が十月十八日であることが本文の前後に記されており、季節については合っている。誤りは「妻を亡くしたことが夢であってくれればよい」の部分である。第二段落に「ただ今はただ夢を

見たらんやうにのみ思されて過ぐしたまふ」とあるのは、**妻の死にまつわる一連の出来事がまるで夢のようだ**と長家が思っていることを述べている。

④**不適**。「**自分も枕が浮くほど涙を流している**」が誤りとなる。進内侍の和歌「契りけん」の「涙の水底に」以下は、**長家が枕も浮くほどに涙を流しているであろう**という内容である。「見ゆらん」の「らん」は現在推量の助動詞で、長家の現在の状況を推測している。なお「涙」に「無み（＝無いので）」を掛けている。「浮き」は「水底」の縁語。

⑤**適当**。「容貌もすばらしく」は第三段落の「顔かたちよりはじめ」に、「字が上手」は同段落の「手うち書き（＝字を上手に書き）」に、「絵にもたいそう関心が深く生前は熱心に描いていた」は同段落の「絵などの心に入り……うつ伏しうつ伏して描きたまひし」にそれぞれ合致する。

問5 やや難 28・29 正解は③・⑥ 複数資料

和歌の異同を問う設問。消去法で解く。まず各和歌について確認しよう。

X 小弁が長家に贈った和歌。「慰めよ」が下二段動詞「慰む」の命令形なので、三句切れとなる。「かつは」は〝一方では〟の意。「世か」の「か」は反語の係助詞。「世かは」としたいところだが、「とまるべき世かは」では字余りとなるので「は」を省略してある。**誰もがいつかはこの世に別れを告げる**という趣旨で、無常を説いて長家の悲しみを**和らげようとしている**。設問の【文章】にあるようにこの和歌は『千載和歌集』にも記されていて、詠者は大弐三位（藤原賢子。紫式部の娘）となっている。「小弁」と同一人物と思われる。またこの和歌には「大納言長家、大納言斉信のむすめに住み（＝通い）侍《はべり》けるを、女みまかりにける（＝亡くなった）ころ、法住寺に籠りゐて侍けるにつかはしける」という詞書が付いている。

Y 長家の返歌。句切れなし。「方しなければ」の「し」は強意の副助詞。**自分には心を慰めるすべがないと**、絶望感をストレートに詠んでいる。そしてこの世の無常もわきまえられないほど、悲しみで分別を失っていると訴える。「知られざりけり」の「れ（る）」は可能、「けり」は詠嘆の意。

Z　長家の返歌の別バージョン。句切れなし。「べき（べし）」は可能の意。「後るる（後る）」は〝先立たれる〟の意。「悲しき」は直前の係助詞「ぞ」の結びである。歌意は〝誰もがこの世にとどまることはできないけれども、妻に先立たれて独り取り残されているこの間はやはり悲しいものです〟というもの。「なほぞ悲しき」という感情の直接的な表現に長家の率直な思いが表されている。

①不適。「ありきたりなおくやみの歌であり」と説明する根拠に乏しい。また「悲しみをきっぱり忘れなさい」とあるのも、「悲しさをかつは思ひも慰めよ」に合致しない。小弁は長家の悲しみに同情しつつ、この世の無常を考えて心を慰めよと訴えている。よって「誠意のなさ」も不適となる。

②不適。「その内容をあえて肯定することで」の「ことで（＝ことによって）」が誤りとなる。和歌Zは「あらねども」という逆接の接続助詞「ども」で下に続けており、これに合致しない。また「悲しみをなんとか慰めようとしている」とあるのも、下の句の趣旨からはずれている。

③適当。前半は和歌Xの内容に即して説明している。後半は、「それでも」が和歌Zの「あらねども」に対応し、「妻を亡くした今は」以下は和歌Zの下の句の内容に合致する。

④不適。「同じ言葉を用いる」のは返歌だからであって、「悲しみを癒やしてくれたことへの感謝を表現している」わけではない。もちろん「感謝」も表現されていない。また和歌Yも「慰（むる）」「世の中の常なき」と、和歌Xに対応した語句を用いており、「それらを用いない」とは言い切れない。「励ましを拒む」とあるのも和歌の趣旨に合わない。

⑤不適。和歌Yの「慰むる方」の「方」は〝手段。方法〟の意なので、「私の心を癒やすことのできる人などいない」という説明は誤りとなる。「反発した」も和歌の趣旨に合わない。「他人の干渉をわずらわしく思い」も読み取れない。

さらに第三段落に「思ひ忘るるやうもやあらん」とある以上、「亡き妻との思い出の世界に閉じこもってゆくという文脈につながっている」とは単純には言えない。

⑥適当。和歌Ｙで「世の中の常なきことも知られざりけり」と詠みながら、第三段落で「いでや、もののおぼゆるにこそあめれ（＝意識はしっかりしているようだ）」以下、将来の自分の心の変化を危惧し、そして亡き妻の思い出に耽るという流れになる。この経緯を「かえってこの世の無常を意識」以下、適切に説明してある。

演習問題3

問題

問題　次の【文章Ⅰ】は、鎌倉時代の歴史を描いた『増鏡』の一節、【文章Ⅱ】は、後深草院《ごふかくさ》に親しく仕える二条という女性が書いた『とはずがたり』の一節である。どちらの文章も、後深草院（本文では「院」）が異母妹である前斎宮《さいぐう》（本文では「斎宮」）に恋慕する場面を描いたものであり、【文章Ⅰ】の内容は、【文章Ⅱ】の6行目以降を踏まえて書かれている。【文章Ⅰ】と【文章Ⅱ】を読んで、後の問い（問1～4）に答えよ。なお、設問の都合で【文章Ⅱ】の本文の上に行数を付してある。（配点　50）

目標時間　20分

【文章Ⅰ】

院も我が御方にかへりて、うちやすませ給《たま》へれど、(ア)まどろまれ給はず。ありつる御面影、心にかかりておぼえ給ふぞいとわりなき。「(注1)さしはへて聞こえむも、人聞きよろしかるまじ。いかがはせむ」と思《おぼ》し乱る。御はらからといへど、年月よそにて生ひたち給へれば、うとうとしくならひ給へるままに、Aつつましき御思ひも薄くやありけむ、なほひたぶるにいぶせくてやみなむは、あかず口惜しと思す。けしからぬ御本性《ほんじやう》なりや。

(注2)なにがしの大納言の女《むすめ》、御身近く召し使ふ人、かの(注3)斎宮にも、さるべきゆかりありて睦《むつ》ましく参りなるるを召し寄せて、

「なれなれしきまでは思ひ寄らず。ただ少しけ近き程にて、思ふ心の片端を聞こえむ。かく折よき事もいと難かるべし」

とBせちにまめだちてのたまへば、いかがたばかりけむ、夢うつつともなく近づき聞こえ給へれば、いと心憂しと思せど、あえかに消えまどひなどはし給はず。

【文章Ⅱ】

斎宮は二十に余り給ふ。(イ)ねびととのひたる御さま、(注4)神もなごりを慕ひ給ひけるもことわりに、花といはば、桜にたとへて

も、よそ目はいかがとあやまたれ、霞(注5)の袖を重ぬるひまもいかにせましと思ひぬべき御ありさまなれば、ましてくまなき(注6)御心の内は、いつしかいかなる御物思ひの種にかと、よそも御心苦しくぞおぼえさせ給ひし。

御物語ありて、神路《かみぢ》(注7)の山の御物語など、絶え絶え聞こえ給ひて、

「今宵はいたう更け侍《はべ》りぬ。のどかに、明日は嵐(注8)の山の禿《かぶろ》なる梢《こずゑ》ども御覧じて、御帰りあれ」

など申させ給ひて、我が御方へ入らせ給ひて、いつしか、

「いかがすべき、いかがすべき」

と仰せあり。思ひつることよと、をかしくてあれば、

「幼(注9)くより参りししるしに、このこと申しかなへたらむ、まめやかに心ざしありと思はむ」

など仰せありて、やがて御使《つかひ》に参る。ただ(ウ)おほかたなるやうに、「御対面うれしく。御旅寝すさまじくや」などにて、忍びつつ文あり。氷襲《こほりがさね》(注10)の薄様《うすやう》にや、

「知られじな今しも見つる面影のやがて心にかかりけりとは」

更けぬれば、御前なる人もみな寄り臥《ふ》したる。御主《ぬし》も小几帳《こぎちやう》(注11)引き寄せて、御殿籠《とのごも》りたるなりけり。近く参りて、事のやう奏すれば、御顔うち赤めて、いと物ものたまはず、文も見るとしもなくて、うち置き給ひぬ。

「何とか申すべき」

と申せば、

「思ひ寄らぬ御言の葉は、何と申すべき方もなくて」

とばかりにて、また寝給ひぬるも心やましければ、帰り参りて、このよしを申す。

「ただ、寝たまふらむ所へ導け、導け」

と責めさせ給ふもむつかしければ、御供に参らむことはやすくこそ、しるべして参る。甘《かん》(注12)の御衣《ぞ》などはことごとしければ、御大口《おほくち》(注13)ばかりにて、忍びつつ入らせ給ふ。

まづ先に参りて、御障子をやをら開けたれば、ありつるままにて御殿籠りたる。御前なる人も寝入りぬるにや、音する人もなく、小《ちひ》(注14)さらかに這《は》ひ入らせ給ひぬる後、いかなる御事どもかありけむ。

(注)
1　さしはへて――わざわざ。
2　なにがしの大納言の女――二条を指す。二条は【文章Ⅱ】の作者である。
3　斎宮――伊勢神宮に奉仕する未婚の皇族女性。天皇の即位ごとに選ばれる。
4　神もなごりを慕ひ給ひける――斎宮を退きながらも、帰京せずにしばらく伊勢にとどまっていたことを指す。
5　霞の袖を重ぬる――顔を袖で隠すことを指す。美しい桜の花を霞が隠す様子にたとえる。
6　くまなき御心――院の好色な心のこと。
7　神路の山の御物語――伊勢神宮に奉仕していた頃の思い出話を指す。
8　嵐の山の禿なる梢ども――嵐山《あらしやま》の落葉した木々の梢。
9　幼くより参りし――二条が幼いときから院の側近くにいたことを指す。
10　氷襲の薄様――「氷襲」は表裏の配色で、表も裏も白。「薄様」は紙の種類。
11　小几帳――小さい几帳のこと。
12　甘の御衣――上皇の平服として着用する直衣《のうし》。
13　大口――束帯のときに表袴の下にはく裾口の広い下袴。
14　小さらかに――体を縮めて小さくして。

問1　傍線部(ア)〜(ウ)の解釈として最も適当なものを、次の各群の①〜⑤のうちから、それぞれ一つずつ選べ。解答番号は 20 〜 22 。

(ア)　まどろまれ給はず　20
① 酔いが回らずにいらっしゃる
② お眠りになることができない
③ ぼんやりなさっている場合ではない
④ お心が安まらずにいらっしゃる
⑤ 一息つこうともなさらない

(イ)　ねびととのひたる　21
① 将来が楽しみな
② 成熟した
③ 着飾った
④ 場に調和した
⑤ 年相応の

(ウ)　おほかたなるやうに　22
① 特別な感じで
② 落ち着き払って
③ ありふれた挨拶で
④ 親切心を装って
⑤ 大人らしい態度で

問2　傍線部A「つつましき御思ひも薄くやありけむ、なほひたぶるにいぶせくてやみなむは、あかず口惜しと思す」の語句や表現に関する説明として最も適当なものを、次の①～⑤のうちから一つ選べ。解答番号は 23 。

①「つつましき御思ひ」は、兄である院と久しぶりに対面して、気恥ずかしく思っている斎宮の気持ちを表している。
②「ありけむ」の「けむ」は過去推量の意味で、対面したときの斎宮の心中を院が想像していることを表している。
③「いぶせくて」は、院が斎宮への思いをとげることができずに、悶々《もんもん》とした気持ちを抱えていることを表している。
④「やみなむ」の「む」は意志の意味で、院が言い寄ってくるのをかわそうという斎宮の気持ちを表している。
⑤「あかず口惜し」は、不満で残念だという意味で、院が斎宮の態度を物足りなく思っていることを表している。

問3　傍線部B「せちにまめだちてのたまへば」とあるが、このときの院の言動についての説明として最も適当なものを、次の①～⑤のうちから一つ選べ。解答番号は 24 。

① 二条と斎宮を親しくさせてでも、斎宮を手に入れようと企《たくら》んでいるところに、院の必死さが表れている。
② 恋心を手紙で伝えることをはばかる言葉に、斎宮の身分と立場を気遣う院の思慮深さが表れている。
③ 自分の気持ちを斎宮に伝えてほしいだけだという言葉に、斎宮に対する院の誠実さが表れている。
④ この機会を逃してはなるまいと、一気に事を進めようとしているところに、院の性急さが表れている。
⑤ 自分と親密な関係になることが斎宮の利益にもなるのだと力説するところに、院の傲慢さが表れている。

問４　次に示すのは、授業で**【文章Ⅰ】【文章Ⅱ】**を読んだ後の、話し合いの様子である。これを読み、後の(i)〜(iii)の問いに答えよ。

教　師　いま二つの文章を読みましたが、**【文章Ⅰ】**の内容は、**【文章Ⅱ】**の6行目以降に該当していました。**【文章Ⅰ】**は**【文章Ⅱ】**を資料にして書かれていますが、かなり違う点もあって、それぞれに特徴がありますね。どのような違いがあるか、みんなで考えてみましょう。

生徒A　**【文章Ⅱ】**のほうが、**【文章Ⅰ】**より臨場感がある印象かなあ。

生徒B　確かに、院の様子なんかそうかも。**【文章Ⅱ】**では［X］。

生徒C　ほかに、二条のコメントが多いところも特徴的だよね。**【文章Ⅱ】**の［Y］。普段から院の側に仕えている人の目で見たことが書かれているっていう感じがあるよ。

生徒B　そう言われると、**【文章Ⅰ】**では**【文章Ⅱ】**の面白いところが全部消されてしまっている気がする。すっきりしてまとまっているけど物足りない。

教　師　確かにそう見えるかもしれませんが、**【文章Ⅰ】**がどのようにして書かれたものなのかも考える必要がありますね。**【文章Ⅰ】**は過去の人物や出来事などを後の時代の人が書いたものです。文学史では「歴史物語」と分類されていますね。**【文章Ⅱ】**のように当事者の視点から書いたものではないということに注意しましょう。

生徒B　そうか、書き手の意識の違いによってそれぞれの文章に違いが生じているわけだ。

生徒A　そうすると、**【文章Ⅰ】**で［Z］、とまとめられるかな。

生徒C　なるほど、あえてそういうふうに書き換えたのか。

教　師　こうして丁寧に読み比べると、面白い発見につながりますね。

(i) 空欄 X に入る最も適当なものを、次の①～④のうちから一つ選べ。解答番号は 25 。

① いてもたってもいられない院の様子が、発言中で同じ言葉を繰り返しているあたりからじかに伝わってくる
② 斎宮に対する恋心と葛藤が院の中で次第に深まっていく様子が、二条との会話からありありと伝わってくる
③ 斎宮に執着する院の心の内が、斎宮の気持ちを繰り返し思いやっているところからはっきりと伝わってくる
④ 斎宮から期待通りの返事をもらった院の心躍る様子が、院の具体的な服装描写から生き生きと伝わってくる

(ii) 空欄 Y に入る最も適当なものを、次の①～④のうちから一つ選べ。解答番号は 26 。

① 3行目「いつしかいかなる御物思ひの種にか」では、院の性格を知り尽くしている二条が、斎宮の容姿を見た院に、早くも好色の虫が起こり始めたであろうことを感づいている
② 8行目「思ひつることよと、をかしくてあれば」では、好色な院があの手この手で斎宮を口説こうとしているのに、世間離れした斎宮には全く通じていないことを面白がっている
③ 18行目「寝給ひぬるも心やましければ」では、院が強引な行動に出かねないことに対する注意を促すため、床についていた斎宮を起こしてしまったことに恐縮している
④ 20行目「責めさせ給ふもむつかしければ」では、逢瀬《おうせ》の手引きをすることに慣れているはずの二条でさえ、斎宮を院のもとに導く手立てが見つからずに困惑している

(iii) 空欄 Z に入る最も適当なものを、次の①〜④のうちから一つ選べ。解答番号は 27 。

① 院の斎宮への情熱的な様子を描きつつも、権威主義的で高圧的な一面を削っているのは、院を理想的な人物として印象づけて、朝廷の権威を保つように配慮しているからだろう

② 院と斎宮と二条の三者の関係性を明らかにすることで、複雑に絡み合った三人の恋心を整理しているのは、歴史的事実を知る人がわかりやすく描写しようとしているからだろう

③ 院が斎宮に送った、いつかは私になびくことになるという歌を省略したのは、神に仕えた相手との密通という事件性を弱めて、事実を抑制的に記述しようとしているからだろう

④ 院の発言を簡略化したり、二条の心情を省略したりする一方で、斎宮の心情に触れているのは、当事者全員を俯瞰《ふかん》する立場から出来事の経緯を叙述しようとしているからだろう

〈二〇二二年度本試験第３問〉

演習問題3

解答

解答

問1　(ア)＝②　(イ)＝②　(ウ)＝③（15点・各5点）　問2　③（7点）　問3　④（7点）
問4　(i)＝①（7点）　(ii)＝①（7点）　(iii)＝④（7点）

出典

『増鏡』〈第九　草枕〉
後深草院二条『とはずがたり』〈巻一〉

『増鏡』は南北朝時代の歴史物語。「四鏡」（『大鏡』・『今鏡』・『水鏡』・『増鏡』）の一つである。作者は二条良基説が有力。全十七巻。後鳥羽天皇の誕生から後醍醐天皇が京都に戻って「建武の新政」が成立するまでの、およそ百五十年間の歴史を編年体で記す。作者が嵯峨の清涼寺に参詣した際、出会った百歳を超える老尼が語る歴史を書き取ったという体裁をとる。公家社会から武家社会へと推移するなかにあって、朝廷の行事や生活などを中心に記しており、王朝時代への憧憬が強い。文体は擬古文で、優雅な文章で書かれている。『源氏物語』の影響を強く受けており、各巻には「藤衣」「草枕」「むら時雨」などの名が付けられている。

『とはずがたり』は鎌倉時代後期の日記で後深草院二条の作。大納言久我雅忠の娘である。全五巻。前三巻は十四歳で後深草院の寵愛を得てから宮廷を退くまでの生活を記し、後二巻は出家して諸国をめぐったときの見聞や、院との再会、院の死去などを記す。作者は二歳で母を亡くし、四歳から後深草院の御所で育ち、十四歳で院の寵愛を受けるというように、幼いころから院と親しく接していた。だがその一方で、西園寺実兼、院の弟である性助法親王、同じく弟の亀山上皇などとも交際するという、恋多き女性であった。

要旨

Ⅰ

後深草院は対面した**前斎宮**（院より六歳年下）の面影が忘れられず、なんとかして思いを遂げたい。そこで寵愛する**二条**に取り次ぎをさせて**前斎宮**の寝所に忍び入った。**前斎宮**はつらく思ったけれども、取り乱しはしなかった。

Ⅱ

三つの部分に分けられるので、各部分の要旨を示す。

1

1～10行目（斎宮は二十に余り給ふ…）

後深草院は対面した**前斎宮**の成熟した美しさに心を奪われ、自分の部屋に戻った後も**二条**に恋心を訴えた。そして**二条**に使者に立つように命じた。

2

10～18行目（ただおほかたなるやうに…）

二条は使者として**前斎宮**の部屋へ行き、**院**の詠んだ恋歌を渡した。でも**前斎宮**は顔を赤らめて返事に窮するばかりでまた眠ってしまった。**二条**は**院**の所へ戻ってその次第を話した。

3

19～23行目（「ただ、寝たまふらむ所へ導け…）

院は**前斎宮**の部屋へ連れて行けと**二条**を責め、**二条**は**院**を案内した。女房たちはみな眠っているなか、**院**は**前斎宮**の寝ている所へもぐり込んだ。

大宮院が後深草院と前斎宮を自宅に招いて三人でひとときを過ごしたときに、後深草院は前斎宮の美しさに心を打たれ、たちまち恋心を抱いてしまった……。【文章Ⅱ】はその場面から始まり、【文章Ⅰ】は後深草院が自分の部屋に戻ったところから始まる。そして両者ともに院が前斎宮の部屋に忍び込んだところで終わっている。ちなみに【文章Ⅱ】に続く部分では、前斎宮の部屋から戻った院が「桜は匂ひはうつくしけれども、枝もろく、折りやすき花にてある」と二条に感想を述べている。

【系図】

大宮院（中宮）＝後嵯峨院＝二条局（更衣）
大宮院・後嵯峨院 ─ 後深草院
後嵯峨院・二条局 ─ 愷子《がいし》内親王（前斎宮）

※更衣は中宮（皇后）、女御に次ぐ後宮の女官

全訳

Ⅰ　後深草院も自分のお部屋に戻って、お休みになっているけれど、お眠りになることができない。さきほどの（斎宮の）御面影が、心にとどまって思い出しなさるのはどうにも仕方がない。「わざわざお手紙をさしあげるのも、外聞がよくないだろう。どうしたものだろうか」と思い悩みなさる。ご兄妹とはいえ、（斎宮は）長年離れた所で生育なさったので、（院は）疎遠な関係に慣れていらっしゃるままに、（妹に恋をしてはならないという）慎み深いお気持ちも薄かったのだろうか、やはりひたすら悶々《もんもん》とした状態で終わってしまうのは、物足りなく残念なことだとお思いになる。よくないご気性であることよ。

なんとかいう大納言の娘で、（院が）御身辺近く召し使う人で、その斎宮にも、しかるべき縁があって親しく参上し慣れている者（＝二条）をお呼び寄せになって、

「（斎宮と）なれなれしく（睦み合おう）とまでは思いも寄らない。ただ少し近い所で、恋しく思う心の一端をお聞かせしたい。このように機会のよいこともなかなか難しいだろう」

とひたすら真面目になっておっしゃるので、（二条は）どのように取り計らったのだろうか、（院が）夢ともなく現実ともなく夢心地で（斎宮に）近づき申し上げなさったところ、（斎宮は）とてもつらいとお思いになるけれど、弱々

しく死にそうなほどに思い乱れなどはなさらない。

Ⅱ　斎宮は二十歳を過ぎていらっしゃる。成熟したご様子は、（伊勢神宮の）神も（斎宮との）別れを惜しみ慕いなさったというのも道理で、花と言うなら、桜にたとえても、はた目にはどうか（いや、桜と違わない）というくらいい見間違えるほどで、（その桜を）霞が隠すように（顔を）袖で隠す間もどうしたらよいだろうかと（男の人なら）思い悩むにちがいないご様子なので、まして（美しい女性と聞けば）抜け目のない（院の）お心の内では、早くもどのような御物思いの種となることだろうかと、はたの者（＝二条）にもお気の毒に思われなさった。

（斎宮は院と）お話しになって、伊勢神宮（に奉仕していた頃）のお話など、とぎれとぎれに申し上げなさって、

「今夜はたいそう更けてしまいました。のんびりと、明日は嵐山の落葉した木々の梢などもご覧になって、お帰りなさい」

などと（院が）申し上げなさって、自分のお部屋へお入りになって、早くも、

「どうしたらいいだろう、どうしたらいいだろう」

とおっしゃる。（私は）思った通りだわと、おかしく思っていると、

「（そなたが）幼いときから出仕した証拠に、このこと（＝斎宮との逢瀬）を（斎宮に）申し上げて実現してくれたら、心から（そなたは私に対して）誠意があると思いたい」

などとおっしゃるので、（私は）さっそく御使者として（斎宮の所へ）参上する。（院の伝言は）ただありふれた挨拶で、「お会いできてうれしくて。御旅寝はもの寂しいでしょうね」などというもので、密やかに手紙がある。（その手紙は）氷襲の薄様であろうか、

「ご存じではないでしょうね。たった今お目にかかったあなたの面影がそのままずっと私の心にとどまっているとは」

夜も更けてしまったので、（斎宮の）お側に仕える人たちもみんな寄り添って寝ている。ご主人（＝斎宮）も小さ

な几帳を引き寄せて、お休みになっていた。（私が）近くに参上して、事情を申し上げると、（斎宮は）お顔を少し赤くして、特に何もおっしゃらず、（院の）手紙も見るともなくて、（下に）置きなさった。

「（院には）何と申し上げたらよいですか」

と（私が）申し上げると、

「思いがけない（院の）お言葉に対しては、何とも申し上げようもなくて」

とおっしゃるばかりで、また（斎宮が）寝てしまわれるのも気がもめるので、（院のもとへ）帰り参上して、この次第を申し上げる。

「すぐに、（斎宮が）寝ていらっしゃる所へ案内しろ、案内しろ」

と（院が私を）お責めになるのも煩わしいので、お供に参上することは造作なくて、（院を）手引きして（斎宮の所へ）参上する。（院の平服の直衣である）甘の御衣などは仰々しいので、（下袴である）御大口だけ身につけて、こっそりと（斎宮の部屋へ）お入りになる。

まず（私が）先に参上して、御障子をそっと開けたところ、（斎宮は）さっきのままで寝ていらっしゃる。お側に仕える人も寝入ってしまったのだろうか、音を立てる人もいなくて、（院が）体を縮めて小さくしてお入りになった後は、どのような御事があったのだろうか。

語　句

Ｉ　**院**＝上皇・法皇・皇太后などの称号またその御所。貴人の邸宅。

ありつる＝さっきの。例の。

はらから＝母を同じくする兄弟姉妹。転じて、一般に兄弟姉妹。院と斎宮の関係は異母兄妹。

け近し＝「気近し」で、身近だ。近い。親しみやすい。

たばかる＝思案する。相談する。だます。
夢うつともなし＝「うつつ」は〝現実〟。夢となく現実となく。おぼろげなさまをいう。
消えまどふ＝死にそうなほどに心が乱れる。
Ⅱ　くまなし＝「くま」は〝曇り。かたすみ。秘密〟などの意。曇りや影がない。行き届かぬ所がない。抜け目がない。
本文では隅々まで美女を求める院の好色な心について「くまなき」と表現している。
すさまじ＝興ざめだ。荒涼としている。
奏す＝天皇または上皇・法皇に申し上げる。「啓す（＝皇后・皇太子・皇太后などに申し上げる）」と対になる絶対敬語。ただし本文では二条が斎宮に話しかける場面で使われており、一種の誤用と言える。

解説

問1　標準　20〜22　正解は　(ア)＝②　(イ)＝②　(ウ)＝③

(ア)　主語は後深草院。「まどろま（まどろむ）」は〝眠る。うとうと眠る〟の意。「れ」は助動詞「る」の連用形で、ここは可能の意になる。「給は」は尊敬の補助動詞「給ふ」の未然形。「ず」は打消の助動詞。「まどろむ」の意から②が正解とわかる。なお助動詞「る・らる」は自発・尊敬・受身・可能の四つの意があるが、尊敬の意になる場合、「給ふ」と同時に用いることはない。したがって「〜られ給ふ・〜れ給ふ」の「られ・れ」は多く自発か受身の意になる。また可能の意になる場合は、平安時代までは**打消の語を伴って不可能の意を表す**のが普通である（鎌倉時代以降は打消の語を伴わずに可能の意を表す場合がある）。ここはそれにならった用法で、「れ」と「ず」で不可能の意を表す。この点からも②が正解とわかる。
(イ)　「斎宮」の容姿を描写する。「ねびととのひ（ねびととのふ）」は、上二段動詞「ねぶ（＝年をとる。大人びる）」の連用形「ねび」と、四段動詞「ととのふ（＝そろう。まとまる。音楽の調子が合う）」を合成してできた語で、〝成長して大人びた感じになる。成熟する〟の意。ほかにも「ねびまさる（＝成長してますます美しく立派になる。ふけて見える）」「ねびゆく（＝成長していく）」「ねび人（＝年寄り）」などの合成語がある。「たる」は完了・存続の助動詞「たり」の連体形。よって②が正解となる。

(ウ)「斎宮」にあてた院の口上についていう。「おほかたなる（おほかたなり）」は〝普通だ。ありふれている〟の意の形容動詞。直後の「御対面うれしく。御旅寝すさまじくや」というありきたりな口上についていったもの。よって③が正解となる。なお「おほかた」には副詞の用法もある（副詞の場合は〝一般に。まったく（…ない）〟の意）。「やう」はここは〝形式。型〟の意。「に」は状態を表す格助詞。

問2　やや難　23　正解は③

傍線部の語句と表現を問う設問。後深草院が前斎宮（本文では「斎宮」）に恋慕する場面を描いたものであるというリード文の説明を押さえたうえで**【文章Ⅰ】**を読み進めよう。「院も我が御方にかへりて」で始まり、「まどろまれ給はず」「思し乱る」と続くことから、院の様子を描いていることがわかる。そして「御はらから（＝兄弟姉妹）といへど」と続くが、これはリード文で**院と斎宮が異母兄妹である**とすでに説明されている。さらに「年月よそにて生ひたち給へれば」とあるから、二人が別々の場所で養育されたことがわかる。傍線部に入ると、やや内容のつかみにくい箇所が続くが、**文末に「思ふ」の尊敬語「思す」がある**ので、冒頭からの流れから考えて院が主語であると見当がつくだろう。その直後の「けしからぬ（＝よくない）御本性なりや」についても、母親が違うとはいえ二人は兄妹であるのに、院が斎宮に恋慕するのはよくないことだと語り手が感想をもらしているのだろうと読み取ることができよう。以上をふまえて消去法で解く。

①不適。「つつましき（つつまし）」は〝遠慮される。恥ずかしい〟の意。その「御思ひ」が「薄くやありけむ」と述べている。これは直前に「うとうとしく（＝疎遠に）ならひ（＝慣れて）給へるままに」とあるように、斎宮とは長年疎遠な関係だったので、恋愛においては兄妹だからという遠慮も薄かったのだろうかという趣旨になる。よって「斎宮の気持ち」という説明は誤りである。

②不適。「けむ」は過去推量の助動詞であるが、これは「斎宮の心中を院が想像している」のではなく、語り手が院の心中を想像していることを表している。

③適当。「いぶせく（いぶせし）」は〝気持ちが晴れない。不快だ〟の意。ここは前者の意で、斎宮のことが忘れられず、心がうつうつとしている院の心情を表す。直前の「ひたぶるに（＝ひたすら。いちずに）」がその心情を強めている。よって「悶々とした気持ちを抱えている」という説明は妥当である。

④不適。助動詞「む」は直後に係助詞「は」がついているので連体形である。その場合、「む」は基本的に推量や意志ではなく、婉曲・仮定の意になることは基礎的な学習事項である。また「いぶせくてやみなむ」は院の心情であるから、「斎宮の気持ち」も誤り。なお「やみ」は四段動詞「やむ（止む）」の連用形、「な」は完了の助動詞「ぬ」の未然形。「やみなむは」は〝終わってしまったら。終わってしまうのは〟と訳す。

⑤不適。「あかず」は「飽かず」で〝飽きない。物足りない〟。「口惜し」は〝残念だ。つまらない〟の意。「あかず口惜し」の対象は「なほひたぶるにいぶせくてやみなむ」こと。すなわち、斎宮に対する恋が成就しないまま悶々として終わってしまうことが「不満で残念」なのであって、「斎宮の態度」についてそう思っているのではない。

問3　標準　24　正解は④

傍線部の内容を問う設問。「せちに」は形容動詞「せちなり（＝ひたすらだ。すばらしい。大切だ。無理やりだ）」の連用形で、ここは「まめだち」を強める働きをする。〝ひたすら〟の意。「まめだち（まめだつ）」は〝真面目になる。本気になる〟の意。「のたまへ（のたまふ）」は「言ふ」の尊敬語で、主語は院。院の発言「なれなれしきまでは思ひ寄らず」とは、斎宮と深い仲になることまでは考えていないということ。これはもちろん建前であって、【文章Ⅱ】の末尾の箇所が示唆するように、**院の目的は斎宮と男女の関係になること**である。兄妹が男女の関係になることはいわゆる「禁じられた愛」で、当時といえどもタブーであったにちがいない。さらに現代人の理解を難しくしているのは、院が斎宮と通じるための手引きを頼んでいる相手が二条である点である。二条は院が「御身近く召し使ふ人」ではあるが、院の深い寵愛を受けている身である。現代風に言えば、恋人の浮気の手引きをしているようなものである。【文章Ⅱ】の終わり近くに「御供に参らむことはやすくこそ」とあるように、院を手引きするのは簡単だったと記している。このあたりは院と二条が主従関係でもあった点を考慮すべきであろう。

さて横道に逸れてしまったが、選択肢は「せちにまめだちて（＝**ひたすら真面目になって**）」に着眼して、「院の必死さ」とある①と「院の性急さ」とある④に絞り、「一気に事を進めようとしている」を決め手に④を選択すればよい。「この機会を逃してはなるまい」は傍線部直前の「かく折よき事もいと難かるべし」をふまえる。

①「二条と斎宮を親しくさせてでも」が不適。「かの斎宮にも、さるべきゆかりありて睦ましく参りなるる」とあるように、二条は斎宮とはすでに親しい関係（二人はまたいとこ＝親同士がいとこ関係）にある。

②「恋心を手紙で伝えることをはばかる」とは書かれていない。また「斎宮の身分と立場を気遣う院の思慮深さ」も読み取れない。

③「自分の気持ちを斎宮に伝えてほしいだけだ」が不適。院は斎宮と直接会って思いを伝えたいと述べている。よって「斎宮に対する院の誠実さ」も不適となる。

⑤「自分と親密な関係になることが斎宮の利益にもなる」というのはあながち間違いではないだろうが、書かれてい

ない。「院の傲慢さ」も不適。

問4　やや難　25～27　正解は (i)＝①　(ii)＝①　(iii)＝④　複数資料　言語活動

読後感の**話し合いを完成させる**設問。消去法で解く。設問を解く前に**【文章Ⅱ】**の内容を確認しておこう。まず斎宮の美しい容姿と斎宮に対する院の恋慕の様子が大まかに記された後、具体的なエピソードがつづられる。それは、大宮院を交えた（ただし本文ではふれられていない）院と斎宮の会見の場面→自室に戻った院が斎宮への恋慕に苦悩する場面→二条が斎宮の部屋へ行って院の和歌を渡す場面→二条が院の部屋に戻った場面→二条が院を斎宮の部屋へ導く場面、と目まぐるしく展開していく。注意すべきなのは、**いずれの場面にも二条が登場し、自らの体験談として記している点**である。当然のことながら、**【文章Ⅰ】**と比べてより具体的かつ詳細であり、より臨場感が感じられる。また二条が院から深く寵愛され信頼されていたこともわかる。以上をふまえて選択肢を吟味しよう。

(i)「院の様子」についての生徒Bの発言。

①適当。院の言葉に「いかがすべき、いかがすべき」「導け、導け」という繰り返しがある。「いてもたってもいられない院の様子」という説明は妥当である。

②不適。「斎宮に対する恋心と**葛藤**（＝心の中に相反する欲求や感情などが存在し、そのいずれをとるか迷うこと）」とあり、この場合「葛藤」とは、斎宮に対する欲望と、斎宮は妹なのだから恋慕してはいけないという理性との間で苦しむことをいうが、書かれていない（**【文章Ⅰ】**にも書かれていない）。

③不適。「斎宮の気持ちを繰り返し思いやっている」が誤りとなる。院が斎宮の心情に配慮しているような箇所は見当たらない。むしろ斎宮に対する欲望を抑えられない様子が「はっきりと伝わってくる」。

④不適。「斎宮から期待通りの返事をもらった」とあるが、斎宮は「思ひ寄らぬ御言の葉は、何と申すべき方もなく

て」と、戸惑う心情を打ち明けるばかりである。

(ii)「二条のコメント」についての生徒Cの発言。

①適当。「いつしか」は〝早く。いつのまにか〟の意。ここは前者。院が桜にたとえられた斎宮の容姿に一目惚れしてしまったことについていう。「御物思ひ」は恋煩いのこと。「好色の虫」は（注６）をふまえる。３行目の「よそも御心苦しくぞおぼえさせ給ひし」について。「よそ」は〝はたの者〟の意で、二条自身を指す。「御心苦しく」は〝お気の毒で〟の意で、院の恋煩いに同情する気持ちを表す。「おぼえ（おぼゆ）」は〝（他人から）思われる〟の意。すなわち二条には思われるということ。「させ」は尊敬の助動詞「さす」の連用形。「給ふ」は尊敬の補助動詞。

②不適。「世間離れした斎宮には全く通じていない」とあるが、８行目の段階では、院はまだ斎宮に恋の告白をしておらず、院の片思いにすぎない。なお斎宮が「世間離れし」ているのはその通りで、（注３）にあるように、斎宮は未婚の皇女から選ばれ、一定期間伊勢神宮に奉仕する。愷子内親王の場合、斎宮を退いても終生結婚せず、院と関係を持つまでは恋愛経験も乏しかったと思われる。

③不適。「寝給ひぬる」の「ぬる」は完了の助動詞「ぬ」の連体形。斎宮がふたたび寝てしまうことをいう。「心やましけれ（心やまし）」は〝おもしろくない。いらだたしい〟の意。院が斎宮への思いを遂げたいと必死であるのに、肝心の斎宮が寝てしまっては仲介の労をとる自分の努力が無駄になるということ。よって「注意を促す」「斎宮を起こしてしまったことに恐縮している」という説明は誤りとなる。

④不適。「斎宮を院のもとに導く」のではなく、院を斎宮のもとへ導くのである。また「手立てが見つからず」も、「御供に参らむことはやすくこそ」に矛盾する。さらに「むつかしけれ」は院に責められることが面倒なのであって、手立てが見つからないことに「困惑している」わけではない。

(iii)【文章Ⅰ】のまとめについての生徒Aの発言。選択肢を吟味する前に教師の発言を確認しておこう。教師は【文章Ⅰ】が後代の人が書いた歴史物語であること、【文章Ⅱ】を資料に用いて書かれていることを指摘する。するとそれを聞いた生徒Bが、書き手の意識の違いが文章の違いとなって表れるのだと発言する。生徒Aの発言はそれに続いてなされたものである。

①不適。「権威主義的で高圧的な一面」とあるのは【文章Ⅱ】9行目の「幼くより参りし……心ざしありと思はむ」や「導け、導け」という院の発言をふまえているのだろう。これについては許容するとしても、「院を理想的な人物として印象づけて」以下が誤りとなる。【文章Ⅰ】では「けしからぬ御本性なり」と、妹に恋慕する院の本性を厳しく非難している。また「まどろまれ給はず」「思し乱る」などとあるのは、むしろ「朝廷の権威」を失墜させるような表現の仕方である。

②不適。「院と斎宮と二条の三者の関係性を明らかにする」とあるのはよいとして、「複雑に絡み合った三人の恋心を整理している」が誤りとなる。斎宮に対する院の恋慕は描かれているものの、院と二条の二人の関係については「御身近く召し使ふ人」とあるのみである。なるほど二条が院の寵愛を受けたというのは事実であるが、【文章Ⅰ】でそのことが指摘されているわけではない。また「わかりやすく描写しようとしている」というのも、【文章Ⅱ】に比べて簡略に記されている点を考えれば該当しない。

③不適。院が斎宮に贈った「知られじな」の和歌は、斎宮に対する恋心を告白する内容のものであって、「いつかは私になびくことになる」という説明は誤りとなる。また斎宮と「密通」することは「事件性」を帯びるだろうが、リード文にあるように斎宮はすでにその職を退いているので、「事件性」はない。実際、斎宮を務めた後に結婚した皇女の例もある。ただ斎宮を退いてそのまま独身を通した例も少なくなかった。愷子内親王について言えば、院と関係を持った後、西園寺実兼が通ったと言われる。

④適当。【文章Ⅰ】での院の発言は「なれなれしきまでは……いと難かるべし」のみなので、「院の発言を簡略化し」というのは許容できる。また【文章Ⅱ】３行目の「御心苦しく」、８行目の「をかしく」などの二条の心情は、【文章Ⅰ】では一切「省略し」ている。さらに斎宮の心情については、【文章Ⅰ】に「いと心憂し」と記されている。「当事者全員を俯瞰する立場から出来事の経緯を叙述しようとしている」とあるのも、語り手による歴史叙述という性格と合致する。

演習問題４

問題

問題　『源氏物語』は書き写す人の考え方によって本文に違いが生じ、その結果、本によって表現が異なっている。次の【文章Ⅰ】と【文章Ⅱ】は、ともに『源氏物語』（桐壺《きりつぼ》の巻）の一節で、最愛の后《きさき》である桐壺の更衣《こうい》を失った帝《みかど》のもとに、更衣の母から故人の形見の品々が届けられた場面である。【文章Ⅰ】は藤原定家が整えた本文に基づき、【文章Ⅱ】は源光行《みつゆき》・親行《ちかゆき》親子が整えた本文に基づいている。また、【文章Ⅲ】は源親行によって書かれた『原中最秘抄《げんちゅうさいひしょう》』の一節で、【文章Ⅱ】のように本文を整えたときの逸話を記している。【文章Ⅰ】～【文章Ⅲ】を読んで、後の問い（問１～６）に答えよ。

≫ 目標時間　20分

【文章Ⅰ】

かの贈りもの御覧ぜさす。（注１）亡き人の住みか尋ねいでたりけむ、（ア）しるしの釵《かんざし》ならましかば、と思《おも》ほすも、いとかひなし。

（イ）尋ねゆく幻もがなつてにても魂《たま》のありかをそこと知るべく

（注２）絵に描ける楊貴妃《やうきひ》の容貌《かたち》は、いみじき絵師と言へども、筆限りありければ、いと匂ひ少なし。（注３）太液《たいえき》の芙蓉《ふよう》、未央《びあう》の柳も、げに通ひたりし容貌を、唐《から》めいたるよそひはうるはしうこそありけめ、なつかしうらうたげなりしを思《おぼ》し出《い》づるに、花鳥《はなとり》の色にも音《ね》にも、よそふべきかたぞなき。

【文章Ⅱ】

かの贈りもの御覧ぜさす。亡き人の住みか尋ねいでたりけむ、しるしの釵ならましかば、と思すも、いとかなし。

尋ねゆく幻もがなつてにても魂のありかをそこと知るべく

絵に描ける楊貴妃の容貌は、いみじき絵師と言へども、筆限りありければ、いと匂ひ少なし。太液の芙蓉も、げに通ひたりし容貌・色あひ、唐めいたりけむよそひはうるはしう、けうらにこそはありけめ、なつかしうらうたげなりしありさまは、女郎花《をみなえし》の風になびきたるよりもなよび、撫子《なでしこ》の露に濡《ぬ》れたるよりもらうたく、なつかしかりし容貌・気配を思し出づるに、花鳥の色にも音にも、よそふべきかたぞなき。

（注）1　亡き人の住みか尋ねいでたりけむ、しるしの釵――唐の玄宗皇帝と楊貴妃の愛の悲劇を描いた漢詩「長恨歌」による表現。玄宗皇帝は、最愛の后であった楊貴妃の死後、彼女の魂のありかを求めるように道士（幻術士）に命じ、道士は楊貴妃に会った証拠に金の釵を持ち帰った。

2　絵――更衣の死後、帝が明けても暮れても見ていた「長恨歌」の絵のこと。

3　太液の芙蓉、未央の柳――太液という池に咲いている蓮《はす》の花と、未央という宮殿に植えられている柳のことで、いずれも美人の形容として用いられている（「長恨歌」）。

【文章Ⅲ】

亡父光行、昔、五条三品（注1）にこの物語の不審の条々を尋ね申し侍《はべ》りし中に、当巻に、「絵に描ける楊貴妃の形は、いみじき絵師と言へども、筆限りあれば、匂ひ少なし。太液の芙蓉、未央の柳も」と書きて、「未央の柳」といふ一句を見せ消《け》（注2）ちにせり。これによりて親行を使ひとして、

「楊貴妃をば芙蓉と柳とにたとへ、更衣をば女郎花と撫子にたとふ、みな二句づつにてよく聞こえ侍るを、御本（注3）、未央の柳を消たれたるは、いかなる子細の侍るやらむ」

と申したりしかば、

「我は(ウ)いかでか自由の事をばしるべき。行成卿《きやう》（注4）の自筆の本に、この一句を見せ消ちにし給ひき。紫式部同時の人に侍れば、申し合はする様こそ侍らめ、とてこれも墨を付けては侍れども、いぶかしさにあまたたび見しほどに、若菜の巻（注5）にて心をえて、おもしろくみなし侍るなり」

と申されけるを、親行、このよしを語るに、

「若菜の巻には、いづくに同類侍るとか申されし」

と言ふに、

「それまでは尋ね申さず」

と答へ侍りしを、さまざま恥《は》ぢしめ勘当し侍りしほどに、親行こもり居て、若菜の巻を数遍ひらきみるに、その意をえたり。(注6)六条院の女試楽《しがく》、女三の宮、人よりちいさくうつくしげにて、ただ御衣のみある心地す、にほひやかなるかたはをくれて、いとあてやかになまめかしくて、二月の中の十日ばかりの青柳のしだりはじめたらむ心地して、とあり。柳を人の顔にたとへたる事あまたになるによりて、(エ)<u>見せ消ちにせられ侍りしにこそ</u>。三品の和才すぐれたる中にこの物語の奥義をさへきはめられ侍りける、ありがたき事なり。しかあるを、(注7)京極中納言入道の家の本に「未央の柳」と書かれたる事も侍るにや。又(注8)俊成卿の女《むすめ》に尋ね申し侍りしかば、

「この事は伝々の書写のあやまりに書き入るるにや、あまりに対句めかしくにくいけしたる方侍るにや」

と云々《しかじか》。よりて愚本にこれを用いず。

（注）
1　五条三品――藤原俊成。平安時代末期の歌人で古典学者。
2　見せ消ち――写本などで文字を訂正する際、もとの文字が読めるように、傍点を付けたり、その字の上に線を引くなどすること。
3　御本――藤原俊成が所持する『源氏物語』の写本。
4　行成卿――藤原行成。平安時代中期の公卿で文人。書道にすぐれ古典の書写をよくした。
5　若菜の巻――『源氏物語』の巻名。
6　六条院の女試楽――光源氏が邸宅六条院で開催した女性たちによる演奏会。
7　京極中納言入道――藤原定家。藤原俊成の息子で歌人・古典学者。
8　俊成卿の女――藤原俊成の養女で歌人。

演習問題4

問1　傍線部(ア)「しるしの釵ならましかば」とあるが、直後に補うことのできる表現として最も適当なものを、次の①～⑤のうちから一つ選べ。解答番号は［1］。

①　いかにうれしからまし
②　いかにめやすからまし
③　いかにくやしからまし
④　いかにをかしからまし
⑤　いかにあぢきなからまし

問2　傍線部(イ)「尋ねゆく幻もがなつてにても魂のありかをそこと知るべく」の歌の説明として**適当でないもの**を、次の①～⑤のうちから一つ選べ。解答番号は［2］。

①　縁語・掛詞は用いられていない。
②　倒置法が用いられている。
③　「もがな」は願望を表している。
④　幻術士になって更衣に会いに行きたいと詠んだ歌である。
⑤　「長恨歌」の玄宗皇帝を想起して詠んだ歌である。

問3　傍線部(ウ)「いかでか自由の事をばしるべき」の解釈として最も適当なものを、次の①〜⑤のうちから一つ選べ。解答番号は 3 。

①　勝手なことなどするわけがない。
②　質問されてもわからない。
③　なんとかして好きなようにしたい。
④　あなたの意見が聞きたい。
⑤　自分の意見を言うことはできない。

問4　傍線部(エ)「見せ消ちにせられ侍りしにこそ」についての説明として最も適当なものを、次の①〜⑤のうちから一つ選べ。解答番号は 4 。

①　紫式部を主語とする文である。
②　行成への敬意が示されている。
③　親行の不満が文末の省略にこめられている。
④　光行を読み手として意識している。
⑤　俊成に対する敬語が用いられている。

問5　**【文章Ⅱ】**の二重傍線部「唐めいたりけむ～思し出づるに」では、楊貴妃と更衣のことが、**【文章Ⅰ】**よりも詳しく描かれている。この部分の表現とその効果についての説明として、**適当でないもの**を、次の①～⑤のうちから一つ選べ。解答番号は〔5〕。

① 「唐めいたりけむ」の「けむ」は、「長恨歌」中の人物であった楊貴妃と、更衣との対比を明確にしている。

② 「けうらにこそはありけめ」という表現は、中国的な美人であった楊貴妃のイメージを鮮明にしている。

③ 「女郎花」が風になびいているという表現は、更衣が幸薄く薄命な女性であったことを暗示している。

④ 「撫子」が露に濡れているという表現は、若くして亡くなってしまった更衣の可憐《かれん》さを引き立てている。

⑤ 「○○よりも△△」という表現の繰り返しは、自然物になぞらえきれない更衣の魅力を強調している。

問６　【文章Ⅲ】の内容についての説明として最も適当なものを、次の①～⑤のうちから一つ選べ。解答番号は 6 。

① 親行は、女郎花と撫子が秋の景物であるのに対して、柳は春の景物であり、桐壺の巻の場面である秋の季節に使う表現としてはふさわしくないと判断した。そこで、【文章Ⅱ】では「未央の柳」を削除した。

② 俊成の女は、「未央の柳」は紫式部の表現意図を無視した後代の書き込みであると主張した。そして、俊成から譲られた行成自筆本の該当部分を墨で塗りつぶし、それを親行に見せた。

③ 光行は、俊成所持の『源氏物語』では、「未央の柳」が見せ消ちになっていることに不審を抱いて、親行に命じて質問させた。それは、光行は、整った対句になっているほうがよいと考えたからであった。

④ 親行は、「未央の柳」を見せ消ちとした理由を俊成に尋ねたところ、満足な答えが得られず、光行からも若菜の巻を読むように叱られた。そこで、自身で若菜の巻を読み、「未央の柳」を不要だと判断した。

⑤ 俊成は、光行・親行父子に対しては、「未央の柳」は見せ消ちでよいと言っておきながら、息子の定家には「未央の柳」をはっきり残すように指示していた。それは、奥義を自家の秘伝とするための偽装であった。

〔第１回プレテスト第４問〕

演習問題4　解答

解答

問1　①　問2　④　問3　①　問4　⑤　問5　③　問6　③

（配点：公表されていない）

出典

Ⅰ・Ⅱ　紫式部『源氏物語』〈桐壺〉（Ⅰは「青表紙本」、Ⅱは「河内本」）

Ⅲ　源親行『原中最秘抄』〈上〉

　三種類の文章が提示されている。中心となる題材は『源氏物語』（「桐壺」の巻）。**桐壺帝**は、寵愛していた**桐壺の更衣**が世を去ったあとに、更衣の母の邸に靫負命婦《ゆげいのみょうぶ》を遣わした。帰参した命婦が差し出した更衣の母からの「贈りもの」を見て、桐壺帝が嘆くのがこの場面である。

　『源氏物語』は平安時代中期に紫式部により書かれたが、藤原定家や源光行、親行のいた鎌倉時代には、すでに原本は失われ、さまざまな内容の「源氏物語」になっていた。定家や光行、親行たちは多くの資料を研究しながら、正しい「源氏物語」を追究したわけである。**【文章Ⅰ】**は藤原定家が整定した「青表紙本」、**【文章Ⅱ】**は源光行、親行が整定した「河内本」であり、校合に使用した伝本の内容がかなり食い違っていたらしい。同じ場面であるので重複する表現が多いが、**【文章Ⅱ】**の方が明らかに記載量が多い。古典作品は、印刷ではなく書写によって複製がつくられ広がっていく。その際に写し間違いをすることはよくあり、さらに写す人物の私見によって表現を変えたり付け足したりすることも行われていた。**【文章Ⅲ】**の『原中最秘抄』は、源光行、親行による『源氏物語』研究の成果を、親行とその子聖覚、孫の行阿が集大成した注釈書。いろいろな写本が存在する事情を今に伝えている。

全訳

Ⅰ　あの（桐壺の更衣の母からの）贈り物を（靫負命婦は桐壺帝に）ご覧に入れる。（帝は、これが、玄宗皇帝が命じて道士が）亡き人のすみかを探し出したという、証拠のかんざしであったなら（どんなによいだろう）、とお思いになるが、（それも）まったくかいのないことだ。

（桐壺の更衣の魂を）尋ねて行く幻術士がいてほしいものだ。人づてにでも魂のありかをそこと知ることができるように。

絵に描いた楊貴妃の容貌は、すぐれた絵師といっても、筆の力に限りがあったので、たいそう美しさが少ない。太液という池に咲く蓮の花と、未央という宮殿にある柳も、いかにもそれに似通った（楊貴妃の）容貌を（思うと）、唐風の装いは見事であっただろうが、（それに比べて桐壺の更衣は）心ひかれかわいらしい様子だったことを（帝は）思い出しなさると、花や鳥の色にも声にも、たとえようがない。

Ⅱ　あの（桐壺の更衣の母からの）贈り物を（靫負命婦は桐壺帝に）ご覧に入れる。（帝は、これが、玄宗皇帝が命じて道士が）亡き人のすみかを探し出したという、証拠のかんざしであったなら（どんなによいだろう）、とお思いになるが、（それも）大変悲しい。

（桐壺の更衣の魂を）尋ねて行く幻術士がいてほしいものだ。人づてにでも魂のありかをそこと知ることができるように。

絵に描いた楊貴妃の容貌は、すぐれた絵師といっても、筆の力に限りがあったので、たいそう美しさが少ない。太液という池に咲く蓮の花も、いかにもそれに似通った（楊貴妃の）容貌・顔色と、唐風にしていたようなその装いは見事で、美しいさまであっただろうが、（桐壺の更衣の）心ひかれかわいらしかった様子は、女郎花が風になびいているよりもしなやかで、撫子が露にぬれているのよりも愛らしく可憐で、（帝は）心ひかれた容貌・ものごしを思い出しなさると、花や鳥の色にも声にも、たとえようがない。

Ⅲ　亡き父の光行が、昔、五条三品（＝藤原俊成）にこの物語（＝『源氏物語』）の不審の所々を尋ね申しました中に、当巻（＝桐壺の巻）に、「絵に描いた楊貴妃の容貌は、すぐれた絵師といっても、筆の力に限りがあるので、美しさが少ない。太液の芙蓉、未央の柳も」と書いて、「未央の柳」という一句を見せ消ちにして（＝文字の上に線を引いて文字が読めるように消して）いた。これによって（父光行は）親行（＝筆者）を使いにして、

「楊貴妃を芙蓉と柳とにたとえ、更衣（＝桐壺の更衣）を女郎花と撫子にたとえる、みな二句ずつでよく理解できますのを、（俊成卿の）御本で、未央の柳を消されたのは、どのような理由があるのでしょうか」

と申したところ、（俊成卿が）

「私はどうして勝手なこと（＝私的な改変）をするだろうか（、いや、勝手なことなどするわけがない）。（藤原）行成卿の自筆の本で、この一句を見せ消ちになさった。（行成卿は）紫式部と同時代の人でございますので、申し合わせるようなこともあるでしょう、といってこれも墨をつけて（消して）はございますが、不審に思い何度も見たところ、（『源氏物語』中盤にある）若菜の巻で（そのわけを）理解して、おもしろくみなしております」

と申しなさったのを、親行が、（父に）このことを語ると、

「若菜の巻には、どこに同類がありますと（俊成卿は）申しなさったか」

と（父が）言うので、

「そこまでは尋ね申し上げない」

と（私親行が）答えましたのを、（父が）さまざまにはずかしめ叱りましたので、私親行は家にこもって、若菜の巻を数回開き見ると、（俊成卿の言った）その意を理解した。六条院の女試楽（＝女性たちによる演奏会）で、女三の宮が、他の人より小柄でかわいらしげで、ただ御衣だけがあるような心地がする（のが）、美しさという点では劣っ

ているが、とても気品がありかわいらしくて、二月の二十日ごろの青柳が枝をたらしはじめたような様子で、とある。柳を人の顔にたとえていることが（桐壺の巻と若菜の巻の両方であると）多くなることによって、（俊成卿は桐壺の巻の「未央の柳」を）見せ消ちになさいましたのだ。三品（＝俊成卿）の和才（＝和歌や和文に関する才能）がすぐれた中にこの物語（＝『源氏物語』）の奥義までも極められましたのは、すばらしいことである。そうであるのに、京極中納言入道（＝藤原定家）の家の本に「未央の柳」と書かれていることもあるのでしょうか。（それで）また俊成卿の女《むすめ》に（その定家の「未央の柳」のことを）尋ね申しましたところ、（俊成卿の女は）

「このこと（＝未央の柳）は代々の書写の誤りで書き入れられたのだろうか、あまりに対句のようにして（＝意図がみえすぎて）気にくわない感じがあるのでしょうか」

と云々。よって私の本（＝源光行・親行親子が整えた本文）ではこれ（＝未央の柳）を用いない。

語　句

Ⅰ　**かひなし**＝ク活用の形容詞。漢字では「甲斐無し」と書き、〝無駄だ、効果がない〟の意。

よそふ＝〝たとえる、比べる〟の意。「よそふべきかたぞなき」で、そのものが、他に並ぶものがないほどすぐれているさまを表す。

Ⅲ　**いぶかしさ**＝〝気がかりである、不審である〟の意の形容詞「いぶかし」の名詞形。

若菜の巻＝『源氏物語』五十四帖のうち、三十四番目が「若菜上」、三十五番目が「若菜下」の巻である。物語を大きく三部に分けた際の第二部の冒頭にあたる。女三の宮・柏木などが登場し、重要なエピソードが多数収められる。「六条院の女試楽」は「若菜下」の巻で語られる内容である。

勘当＝責めてとがめること。

中の十日＝①一カ月のうち中旬の十日間。②一カ月の二十日目。ここでは①・②のどちらで解釈してもよいだろう。

解説

問1　やや易　1　正解は①

省略されている表現を問う問題。**反実仮想の構文**（ましかば～まし）の理解を基礎に、本文の文脈を把握して表現の意図と登場人物の心情をとらえる出題となっている。（注）1にある通り、玄宗皇帝が派遣した道士が、楊貴妃に会った証拠に楊貴妃の金の釵を持ち帰ったという物語を背景に、「贈りもの」が〈**桐壺の更衣の「しるしの釵」であったならば**〉と嘆く桐壺帝の心情をとらえる。

「贈りもの」とは、問題文からわかるように、桐壺の更衣の「形見の品々」である。「しるしの釵」とは、道士が楊貴妃に会った証拠の品であるが、命婦は、桐壺の更衣に会った証拠の品を持ち帰れなかった。よって、「贈りもの」は「しるしの釵」ではなかったということになる。

●**しるしの釵**＝道士が楊貴妃に会った証拠の品

●**贈りもの**＝帝のもとに届けられた、桐壺の更衣の形見の品々→**「しるしの釵」ではない**

続く和歌で、帝は桐壺の更衣の「魂のありか」を知りたいと詠んでいる。よって、最愛の桐壺の更衣を失った帝にとって、もし桐壺の更衣の魂に会った証拠の品であったならば〈うれしい〉という展開が妥当であることに気づくだろう。ここから、〝どんなにうれしいだろうに〟という意味になる①が正解。

なお、傍線部直後の「思ほすも」の「も」は、係助詞から転じた接続助詞で、ここでは**逆接の確定条件**を示し、傍線部に続く部分は〝とお思いになるが、まったくかいのないことだ〟（**【文章Ⅱ】**では〝とお思いになるが、大変悲しい〟）という意味になる。よって、ここから、本問で答えるべき心情が、**「かひなし」と対照的な心情になる**と推察することもヒントになる。

②「めやすし」は「目安し（目易し）」で、〝見苦しくない、感じがよい〟の意。最愛の人の魂の場所を求める心情として不適。
③「くやし」では意味がまったく通らない。
④〝趣がある〟などの意のある「をかし」では、帝の切なさは表現できない。
⑤「あぢきなし」は〝道理に外れている、つまらない〟の意。本文の展開にまったく合わない。
文章は読みやすいものとはいえないが、本問は（注）と選択肢のわかりやすさから、簡単な方の部類に入る問題といえるだろう。第１回プレテストの正答率は四六・三％と半分近くの受検者が正解している。

《容姿や心情を表す重要な形容詞・形容動詞》
□きよらなり　高貴で美しい・華麗である
□きよげなり　きよらかで美しい・整っている
□うるはし　端正だ・立派だ・（人間関係について）親しい
□うつくし　立派だ・美しい・（幼少の者について）かわいらしい・いとしい
□いはけなし　幼い・あどけない
□らうたし　かわいい・いとしい・愛らしい
□やさし　（身が細るほど）たえがたい・恥ずかしい・つつましい・優美で上品だ・けなげだ・やさしい
□艶《えん》なり　つややかだ・なまめかしく美しい・優美である
□なまめかし　若々しく美しい・上品な・しっとりしている
□なつかし　慕わしい・上品な
□めでたし　すばらしい・立派だ・祝うべきだ

□めやすし　見苦しくない・感じがよい
□をかし　趣がある・すぐれている・かわいらしい・滑稽だ

□□ 問2　難　2　正解は④

和歌の修辞と内容の理解を問う問題。「尋ねゆく幻もがなつてにても魂のありかをそこと知るべく」という本文中の和歌からの出題。選択肢には、和歌修辞、文法、内容と、いろいろな要素が含まれているので、この和歌について、形式面と内容面の両方から詳しく読み取ることが求められている。

「しるしの釵ならましかば」とお思いになるも、どうすることもできない、という**問1**で問われた心情部分の直後にあり、この和歌が**桐壺帝の詠んだ歌**だと読み取れる。「幻もがな」の「もがな」は願望の終助詞であり、〝～があればなあ、～であればなあ〟などと訳す。ここでは〝幻があればなあ〟の意味となる。この「幻」が何を指すかがポイントである。「尋ねゆく」に後続していることから、（注）１にある、楊貴妃の魂のありかを尋ね求めた「幻術士」を指すことに気づけただろうか。この和歌では帝が、「楊貴妃を尋ねゆく幻術士がいればなあ」と願望を述べ、そうすれば「つて」、つまり人づてにでも桐壺の更衣の魂のありかがそこだと知ることができるだろうに、と、悲しみを述べている。

●**玄宗皇帝**→道士（幻術士）に命じる→道士は亡き楊貴妃の釵を持ち帰り、皇帝に渡した
●**桐壺帝**　→道士（幻術士）がいない→「**つて**」**がないため、亡き桐壺の更衣の魂のありかがわからない**

文脈と（注）を絡めてこの歌の解釈を行うのはかなり難しいといえるだろう。選択肢は**適当でないものを選ぶ**。④の「幻術士になって更衣に会いに行きたい」という解釈は不適当であり、④が本問の正解となる。

重要 希望・願望を表す語

希望の助動詞	□まほし（〜たい）	活用語の未然形に接続する
	□たし（〜たい）	活用語の連用形に接続する
希望を表す終助詞	□ばや（〜たい）	活用語の未然形に接続する
	□てしが／てしがな（〜たいものだ）	活用語の連用形に接続する
	□にしが／にしがな（〜たいものだ）	活用語の連用形に接続する
	□もが／もがな（〜があればなあ・〜たいものだ）	体言や形容詞の連用形などに接続する
	※他者への願望（あつらえ）を表す □なむ（〜てほしい）	活用語の未然形に接続する

①適当。ただし、和歌の解釈ができていないと、この選択肢の判別が不安になるだろう。「縁語」かどうかの判別は一般的にかなり難しい。掛詞についても、この歌では「魂」に〝玉〟の意味があるのではなどと考えたかもしれない。

②適当。第二句末の「もがな」は願望の終助詞。終助詞ということから、この和歌が二句切れであり、そこを境に倒置していることがわかる。

③適当。願望の終助詞「もがな」の用法を理解していれば問題はないと判断できるだろう。

⑤適当。（注）１から、玄宗皇帝と楊貴妃の悲劇を背景にしていることがわかる。

（注）１にある、玄宗皇帝が楊貴妃の魂のありかを幻術士に求めさせたという物語を背景にして、和歌の「幻」が「幻術士」のことだと気づくことが、④を不適と判断することの前提になるが、これはかなり難しい。レベル的には難の出題だろう。正答率は二二・六％であり、大部分の受検者がこの解釈はできなかったとみられる。

問3　やや難　3　正解は①

文脈の把握から、**傍線部の表現の意味**をとらえる問題。**【文章Ⅲ】**の傍線部までの文脈を正しく把握できたかどうかということが、正解を導く鍵になる。

冒頭に「亡父光行」とあるので、**【文章Ⅲ】**は源親行の語りである。父光行が『源氏物語』にある不審な点を五条三品（＝藤原俊成）に尋ねたが、その中に、桐壺の巻で**「未央の柳」を「見せ消ち」にしたのはどうしてか**という疑問があった。これらの不審な点について、自分（親行）を使いとして俊成のもとに聞きに行かせ、「…いかなる子細の侍るやらむ」と自分が申したところ、傍線部の回答が俊成からなされたという展開である。なお、「見せ消ち」については問題の（注）２に説明があるが、具体的には右図のようなことである。

●見せ消ち

太液の芙蓉、~~未央の柳~~も、げに通ひたりし……（見せ消ちに）

⬅

太液の芙蓉も、げに通ひたりし……

見せ消ちが採用され、「未央の柳」がなくなった本文

俊成は傍線部の後で「行成卿の自筆の本に、この一句を見せ消ちにし給ひき」と言っており、傍線部の「いかでか自由の事をばしるべき」は、俊成が**自分で自由に**、**勝手な解釈をもとに本文をつくるはずがない**、という内容であると読み取れる。よって、ここの「いかでか」は**反語**で〝どうして〜か（、いや、〜ない）〟の意。「しる」は〝自分のものとする、できる〟といった意である。この内容を説明しているのは①の選択肢。

②不適。「質問されてもわからない」は「自由の事」の説明にはならない。また、このあとで親行からの「質問」に答えていることとも矛盾する。

③不適。「いかでか」の訳出の仕方が誤っている。「いかでか」は副詞「いかで」＋係助詞「か」で、

①疑問　どうして

②反語　どうして〜か（いや〜ない）

③願望　なんとかして（〜したい）

の三つの意味があり、選択肢では③で訳しているが、ここは②の意味で解釈すべきである。なお、③の意味になるときは、下に意志や願望を表す語（117ページ参照）を伴う場合が多い。

④不適。親行の意見を求めているとは読み取れず、この後の展開でも親行は俊成に対して回答していない。

⑤不適。これは間違いやすい選択肢だろう。傍線部の後の部分から、〈行成卿が自筆本で墨をつけて見せ消ちにしているが、行成卿は『源氏物語』の作者紫式部と同時代の人であり、作者と申し合わせることもあっただろう。だから行成卿の見せ消ちを尊重して私俊成もそのまま見せ消ちにした〉と読み取ってこれが正解と考えたかもしれない。しかし、直前に着目すると、俊成は親行に「子細」を問われ、この後で事情を説明しているので、「自分の意見を言うことはできない」では文脈に合致しない。ここは、自分勝手な考えで自由に見せ消ちにしたのではないことの説明となる。

【文章Ⅲ】の展開を読み取ったうえで傍線部の意味を答える問題だが、【文章Ⅲ】はそれほどわかりやすいものではない。選択肢の判別がややわかりやすいところが救いだろう。やや難の問題。第1回プレテストでの正答率は約三割であった。

□□

問4　難　4　正解は⑤

文章の展開から把握される、**傍線部の主語および敬意の対象**を問う問題。「見せ消ちにせられ」の解釈がポイントになる。「せられ」の「せ」は、見せ消ちに〈する〉と解釈でき、サ行変格活用動詞「す」の未然形。「られ」は受身、尊敬、可能、自発の意味がある助動詞「らる」であるが、他者からされる受身、自分の心情に自然と生じる自発はあり得ない。見せ消ちにすることが〈できる〉という可能の解釈は無理があり、また選択肢の中でその可能性は述べられていない。ここは、**見せ消ちにした人物への尊敬**と解釈するのが妥当。**【文章Ⅲ】**の中で「見せ消ち」を行ったのは「五条三品」（＝藤原俊成）と「行成卿」であり、②と⑤が正解の候補となる。

文脈を確認すると、「未央の柳」を見せ消ちにした俊成にその理由を尋ねたところ、俊成が『源氏物語』の若菜の巻で理解できたと言ったのに対し、親行も若菜の巻を調べることで理由を納得し、傍線部直後で「三品の和才すぐれたる中にこの物語の奥義をさへきはめられ」と俊成を賞賛している。ここから、「見せ消ちにせられ」たのは俊成であると読み取れ、「俊成に対する敬語」という⑤の内容が正しい。

①不適。紫式部は『源氏物語』の作者であり、自分の本に見せ消ちを入れる理由はない。（注）2から「見せ消ち」とはどのようなことかを理解して判断したい。

②不適。先述のとおり、ここでの見せ消ちは行成の見せ消ちではない。文章の展開を正しく把握していないと誤って選んでしまう選択肢だろう。

③不適。俊成に対する賞賛が述べられており、「親行の不満」は読み取れない。

④不適。「侍りし」は丁寧語であり、傍線部は地の文にあるので読者に対する敬語と解釈できる。**【文章Ⅲ】**の冒頭に「亡父光行」とあるように、光行は亡くなっているので、この文章の読者とはなりえず、光行への敬意を表すものではない。光行への丁寧語であれば、光行に対する会話の形式で示されるはずである。

いろいろな敬語表現が誰から誰への敬意を表すかについては、第2章・準備編の31ページにまとめている。条件ごとに整理をして覚えておきたい。

問3と同じく、【文章Ⅲ】の展開を読み取ることは簡単ではなく、そこに敬語法を絡めた問題ということで「難」の出題といえる。第1回プレテストでの正答率は約二〇％と低い。この大問の問2以降の正答率はかなり低く、大部分の受検者が古文で出された三つの文章を時間内に読み切ることはできなかったものと思われる。

問5　難　5　正解は③　複数資料

二つの文章を比較し、二重傍線部に描かれた人物の説明として適当でないものを問う問題。二重傍線部の前半が楊貴妃を表現したものであることは把握できると思うが、どこからが桐壺の更衣の説明かを把握できるかが、まず第一の関門だ。【文章Ⅰ】と【文章Ⅱ】が同じ展開を別の表現で描いたものだという点に着目し、描写が短くて読み取りやすい【文章Ⅰ】の似た箇所を確認する。「唐めいたるよそひはうるはしうこそありけめ」が〈こそ…已然形、―〉で逆接を表し、さらに「けめ」が過去推量の助動詞「けむ」の已然形であることから、ここまでが楊貴妃、「なつかしうらうたげなりしを思し出づるに」からが、帝が思い出した桐壺の更衣の描写であると読み取れる。ここから【文章Ⅱ】でも、「なつかしうらうたげなりしありさま」以降が桐壺の更衣の描写であると想定できる。【文章Ⅰ】と同様に、「唐めいたりけむ」の過去推量の助動詞「けむ」で、過去の物語である楊貴妃を表現している点、「けうらにこそはありけめ、…」の〈こそ…已然形、―〉で逆接を表すという文法事項から、「なつかしう」以降が桐壺の更衣の描写であるという展開が読み取れる。桐壺の更衣について述べた表現の「らうたげなりし」「なつかしかりし」の「し」は、過去の助動詞「き」の連体形であり、「き」が直接経験した過去について述べる助動詞であることから、桐壺帝が桐壺の更衣を回想している表現として、文法の面からも適切である。

	文章Ⅰ	文章Ⅱ
楊貴妃	唐めいたるよそひはうるはしうこそありけめ、	唐めいたりけむよそひはうるはしう、けうらにこそはありけめ、
桐壺の更衣	なつかしうらうたげなりし	なつかしうらうたげなりしありさまは、女郎花の風になびきたるよりもなよび、撫子の露に濡れたるよりもらうたく、なつかしかりし容貌・気配

以上を押さえたうえで、選択肢の説明内容をもとに、表現の特徴を吟味するというのが第二の関門。

①**適当**。「けむ」に着目すると、楊貴妃の描写には過去推量の表現がされ、唐の過去の物語ということを示していると考えられる。「なつかしう」以降の桐壺の更衣の描写には過去推量は使われていないことから、「対比」として読み取ることができる。

②**適当**。「けうら」は漢字で書くと「清ら」で、美しさを表現する語である。「唐めいたりけむよそひ」の文脈から「中国的な」美しさと読み取ることができ、適する選択肢である。

③**不適**。「女郎花の風になびきたるよりもなよび」のうち、「なよび（なよぶ）」は〝なよなよとしている〟という弱いイメージで使う場合もある。しかしこの場面は、【文章Ⅰ】と同様に、楊貴妃に勝るとも劣らない桐壺の更衣の美しさを表現した部分であり、更衣について「幸薄く薄命な女性」のようなマイナスイメージを暗示しているという説明は微妙。「なよぶ」を、風になびいている女郎花よりも〝柔和である、しなやかである〟といったプラスの意味で解釈する方が妥当といえるだろう。

④**適当**。〝撫子が露にぬれているよりもかわいらしく〟という表現であり、「更衣の可憐さ」という説明は、桐壺の更衣の美しさを説明している文脈からも妥当。

⑤適当。「女郎花」「撫子」と比較して、花より美しく心ひかれる存在であった桐壺の更衣を賞賛している部分であり、「更衣の魅力を強調」という説明は正しい。

本問は、二つの文章の文脈を比較し、そのうえで選択肢で示される表現の特徴を読み取り検討するという二段階で解答を導かなければならず、文章も簡単ではないことから、「難」の問題といえる。第1回プレテストでの正答率も二二・七%とかなり低いものになっている。

問6　やや難　6　正解は③　文章全体　複数資料

【文章Ⅲ】の内容に合致する説明を選ぶ問題。他の文章の内容も関係づけながら、【文章Ⅲ】の展開全体を把握したうえで、選択肢を吟味する。

①不適。親行は、藤原俊成の指摘と、俊成の女に確認を取ったことにより「未央の柳」を用いていないのである。【文章Ⅲ】に「季節」との不一致について言及した箇所はなく、「季節」について考慮して「未央の柳」を削除したとするのは恣意的な読み取りとなる。明らかに誤りの選択肢。

②不適。俊成の女は「伝々の書写のあやまり」と言っており、前半部分の説明は誤りではないが、「俊成から譲られた行成自筆本」の内容は本文からは読み取れない。また行成自筆本はもともと見せ消ちになっていたのであり、「(俊成の女が)墨で塗りつぶし」も明らかに誤り。

③適当。光行が「未央の柳」の見せ消ちに不審を抱いて親行を遣わして質問させたという内容は、本文と合致する。後半部分の、光行が「整った対句になっているほうがよいと考えた」という内容については、使いに出た親行が「みな二句づつにてよく聞こえ侍るを」と述べていることから、対句関係を父の光行が評価していると推察できる。

④不適。「光行からも若菜の巻を読むように叱られた」の部分が文章中から読み取れない。光行が親行を叱った理由と

して本文に書かれているのは、若菜の巻のどの箇所に「同類」があるのかということを、親行が尋ねてこなかったことである。

⑤不適。「京極中納言入道（＝藤原定家）の家の本に『未央の柳』と書かれたる」とあるが、これが定家の父俊成の指示であるとはどこにも書かれていない。さらにそのことについて俊成の女が「書写のあやまり」と言及しており、藤原俊成一門（＝御子左家）の「奥義」であるはずはないので、誤りの選択肢。

選択肢は誤りのはっきりしたものがあり選びやすいが、【文章Ⅲ】の読み取りが簡単ではないので、やや難の問題といえるだろう。第1回プレテストでの正答率も三割を切っており、難しく感じた受検者が多いはずだ。問5までの問題もかなり難しいものであり、解答時間に余裕がなくなった受検者も多くいたと考えられる。

演習問題５

問題

問題　次の【文章Ⅰ】は、殷《いん》王朝の末期に、周《しゅう》の西伯《せいはく》が呂尚《りょしょう》（太公望《たいこうぼう》）と出会った時の話を記したものである。授業でこれを学んだＣ組は太公望について調べてみることになった。二班は、太公望のことを詠んだ佐藤一斎《さとういっさい》の漢詩を見つけ、調べたことを【文章Ⅱ】としてまとめた。【文章Ⅰ】と【文章Ⅱ】を読んで、後の問い（問１～７）に答えよ。なお、返り点・送り仮名を省いたところがある。

≫ 目標時間　20分

【文章Ⅰ】

呂尚ハ蓋シ(1)嘗窮困シ、年老イタリ矣。以テ二漁釣ヲ一奸《もと》ム(注1)二周ノ西伯ニ一。A西伯将出猟卜之。曰ハク「所レ獲ル非ズレ龍ニ、非ズレ彲《みづち》ニ、非ズレ虎ニ、非ズレ羆《ひぐま》ニ、所レ獲ル覇王之輔《たす》ケナリト。」於イテレ是ニ周ノ西伯猟《か》リス。(ア)果遇フ二太公(注2)ニ於渭《ゐ》(注3)之陽《きた》ニ一。(2)与語リテ大イニ説《よろこ》ビテ曰ハク「自リ二吾ガ(注4)先君太公一曰ハク『(イ)当下有リテ二聖人一適《ゆ》ク上周ニ。周以テ興ラント。』B子ハ真ニ是レナルか邪。吾ガ太公望ムコトレ子ヲ久シト矣。」故ニ号シテレ之ヲ曰フ二太公望ト一。載セテ与倶ニ帰リ、立テテ為スレ師ト。

（司馬遷《しばせん》『史記《しき》』による。）

（注）
1　奸――知遇を得ることを求める。
2　太公――ここでは呂尚を指す。
3　渭之陽――渭水《いすい》の北岸。渭水は、今の陝西省《せんせいしょう》を東に流れて黄河に至る川。
4　吾先君太公――ここでは西伯の亡父を指す（なお諸説がある）。

【文章Ⅱ】

佐藤一斎の「太公垂釣の図」について

平成二十九年十一月十三日
愛日楼高等学校二年Ｃ組二班

太公垂釣ノ図　　佐藤一斎

謬《あやま》リテ被《れ》二文王ニ載セ得テ帰ラ一
一《いっ》竿《かん》ノ風月与レ心違《たが》フ
想《おも》フ君ガ牧《ぼく》野《や》鷹《よう》揚《やう》ノ後
夢ハ在ラン二磻《はん》渓《けい》ノ旧釣《てう》磯《き》ニ一

不本意にも文王によって周に連れていかれてしまい、
釣り竿《ざお》一本だけの風月という願いとは、異なることになってしまった。
想うに、あなたは牧野で武勇知略を示して殷を討伐した後は、
磻渓の昔の釣磯《つりいそ》を毎夜夢に見ていたことであろう。

幕末の佐藤一斎（一七七二～一八五九）に、太公望（呂尚）のことを詠んだ漢詩があります。太公望は、七十歳を過ぎてから磻渓（渭水のほとり）で文王（西伯）と出会い、周に仕えます。殷との「牧野の戦い」では、軍師として活躍し、周の天下を盤石のものとしました。しかし、その本当の思いは？

Ｃ佐藤一斎の漢詩は、【文章Ⅰ】とは異なる太公望の姿を描きました。

ある説として、この漢詩は佐藤一斎が七十歳を過ぎてから昌平坂《しょうへいざか》学問所（幕府直轄の学校）の教官となり、その時の自分の心境を示しているとも言われています。

狩野探幽《かのうたんゆう》画「太公望釣浜図」
日本でも太公望が釣りをする絵画がたくさん描かれました。

〈コラム〉
太公望＝釣り人？
文王との出会いが釣りであったことから、今では釣り人のことを「太公望」と言います。【文章Ⅰ】の、西伯が望んだ人物だったからという由来とは違う意味で使われています。

問1　波線部(1)「嘗」・(2)「与」の読み方として最も適当なものを、次の各群の①～⑤のうちから、それぞれ一つずつ選べ。解答番号は 1 ・ 2 。

(1)「嘗」 1
① かつて
② こころみに
③ すなはち
④ なめて
⑤ なんぞ

(2)「与」 2
① あたへ
② あづかり
③ ここに
④ すでに
⑤ ともに

問2　二重傍線部(ア)「果」・(イ)「当」の本文中における意味として最も適当なものを、次の各群の①～⑤のうちから、それぞれ一つずつ選べ。解答番号は 3 ・ 4 。

(ア)「果」 3
① たまたま
② 案の定
③ 思いがけず
④ やっとのことで
⑤ 約束どおりに

(イ)「当」 4
① ぜひとも～すべきだ
② ちょうど～のようだ
③ どうして～しないのか
④ きっと～だろう
⑤ ただ～だけだ

問3　傍線部A「西　伯　将　出　猟　卜　之」の返り点の付け方と書き下し文との組合せとして最も適当なものを、次の①～⑤のうちから一つ選べ。解答番号は 5 。

① 西　伯　将㆓出㆑猟　卜㆒㆑之　　西伯将に猟《か》りに出《い》でて之を卜《うらな》ふべし
② 西　伯　将　出　猟　卜㆑之　　西伯の将出でて猟りして之を卜ふ
③ 西　伯　将　出㆑猟　卜㆑之　　西伯将《は》た猟りに出でて之を卜ふか
④ 西　伯　将㆑出㆑猟　卜㆑之　　西伯猟りに出づるを将《ひき》ゐて之を卜ふ
⑤ 西　伯　将㆓出　猟㆒卜㆑之　　西伯将に出でて猟りせんとし之を卜ふ

問4　傍線部B「子　真　是　邪」の解釈として最も適当なものを、次の①～⑤のうちから一つ選べ。解答番号は 6 。

① 我が子はまさにこれにちがいない。
② あなたはまさにその人だろうか、いや、そんなはずはない。
③ あなたはまさにその人ではないか。
④ 我が子がまさにその人だろうか、いや、そんなはずはない。
⑤ 我が子がまさにその人ではないか。

問５　【文章Ⅱ】に挙げられた佐藤一斎の漢詩に関連した説明として正しいものを、次の①～⑥のうちから、**すべて**選べ。解答番号は 7 。

① この詩は七言絶句という形式であり、第一、二、四句の末字で押韻している。

② この詩は七言律詩という形式であり、第一句と偶数句末で押韻し、また対句を構成している。

③ この詩は古体詩の七言詩であり、首聯《しゅれん》、頷聯《がんれん》、頸聯《けいれん》、尾聯《びれん》からなっている。

④ この詩のような作品は中国語の訓練を積んだごく一部の知識人しか作ることができず、漢詩は日本人の創作活動の一つにはならなかった。

⑤ この詩のような作品を詠むことができたのは、漢詩を日本独自の文学様式に変化させたからで、日本人は江戸時代末期から漢詩を作るようになった。

⑥ この詩のように優れた作品を日本人が多く残しているのは、古くから日本人が漢詩文に親しみ、自らの教養の基礎としてきたからである。

問6　**【文章Ⅱ】**の□で囲まれた〈コラム〉の文中に一箇所誤った箇所がある。その**誤った箇所**を次のA群の①～③のうちから一つ選び、**正しく改めたもの**を後のB群の①～⑥のうちから一つ選べ。解答番号は 8 ・ 9 。

A群　8

① 文王との出会いが釣りであった
② 釣り人のことを「太公望」と言います
③ 西伯が望んだ人物だったから

B群　9

① 文王が卜《うらな》いをしている時に出会った
② 文王が釣りをしている時に出会った
③ 釣りによって出世しようとする人のことを「太公望」と言います
④ 釣り場で出会った友のことを「太公望」と言います
⑤ 西伯の先君太公が望んだ人物だったから
⑥ 西伯の先君太公が望んだ子孫だったから

問７　**【文章Ⅱ】**の傍線部Ｃ「佐藤一斎の漢詩は、**【文章Ⅰ】**とは異なる太公望の姿を描きました。」とあるが、佐藤一斎の漢詩からうかがえる太公望の説明として最も適当なものを、次の①～⑥のうちから一つ選べ。解答番号は［10］。

① 第一句「謬りて」は、文王のために十分に活躍することはできなかったという太公望の控えめな態度を表現している。
② 第一句「謬りて」は、文王の補佐役になって殷を討伐した後の太公望のむなしさを表現している。
③ 第二句「心と違ふ」は、文王に見いだされなければ、このまま釣りをするだけの生活で終わってしまっていたという太公望の回想を表現している。
④ 第二句「心と違ふ」は、殷の勢威に対抗するために文王の補佐役となったが、その後の待遇に対する太公望の不満を表現している。
⑤ 第四句「夢」は、本来は釣磯で釣りを楽しんでいたかったという太公望の望みを表現している。
⑥ 第四句「夢」は、文王の覇業が成就した今、かなうことなら故郷の磻渓の領主になりたいという太公望の願いを表現している。

〔第１回プレテスト第５問〕

演習問題5

解答

解答

問1　(1)＝①　(2)＝⑤　問2　(ア)＝②　(イ)＝④　問3　⑤　問4　③
問5　①・⑥（過不足なくマークしている場合のみ正解とする）
問6　③・⑤（両方をマークしている場合のみ正解とする）　問7　⑤

（配点：公表されていない）

出典

Ⅰ　**司馬遷『史記』**〈第三十二巻　斉太公世家　第二〉

Ⅱ　**佐藤一斎「太公垂釣図」**

【文章Ⅰ】は司馬遷『史記』の「斉太公世家」にある太公望呂尚についての記述である。『史記』は紀伝体として、「本紀」「列伝」という分類が有名であるが、その他に、「表」「書」「世家」という分類に入る文章も収められている。「世家」は諸侯の事績を記した部分であり、今回出題された部分は、春秋戦国時代の斉の創始者である呂尚が周の西伯（文王）と出会った場面で、呂尚の出世の糸口が描かれている。

【文章Ⅱ】は十九世紀中頃の日本で作られた漢詩「太公垂釣の図」をメインとする資料である。漢詩は佐藤一斎が詠んだもので、西伯（文王）のもとで活躍した「太公望呂尚」について、独自の視点から描いている。資料は、この漢詩について、**高校生が調査し、発表するときのまとめ資料の形式**となっており、漢詩の下に口語訳がついているので、内容は読み取りやすいだろう。また、資料中の説明文や絵画、「コラム」も、漢詩を読み解くうえでのヒントとなっている。

読み

Ⅰ　呂尚は蓋《けだ》し嘗《かつ》て窮困《きうこん》し、年老いたり。漁釣《ぎょてう》を以て周の西伯《せいはく》に奸《もと》む。西伯将《まさ》に出でて猟《か》りせんとし之《これ》を卜《うらな》ふ。曰はく、「獲る所は龍に非ず、彲《みづち》に非ず、虎に非ず、羆《ひぐま》に非ず、獲る所は覇王の輔《たす》けなり」と。是《ここ》に於《お》いて周の西伯猟りす。果《は》たして太公に渭《ゐ》の陽《きた》に遇《あ》ふ。与《とも》に語りて大いに説《よろこ》びて曰はく、「吾が先君太公より曰はく、『当《まさ》に聖人有りて周に適《ゆ》くべし。周以て興《おこ》らん』と。子《し》は真に是れなるか。吾が太公子を望むこと久し」と。故《ゆゑ》に之を号《がう》して太公望と曰ふ。載《の》せて与《とも》に倶に帰り、立てて師と為す。

Ⅱ　　太公垂釣の図

謬《あやま》りて文王に載せ得て帰られ
一竿《いっかん》の風月心と違《たが》ふ
想《おも》ふ君が牧野鷹揚《ぼくやようやう》の後
夢は磻渓《はんけい》の旧釣磯《てうき》に在らん

全訳

Ⅰ　呂尚はそもそも以前生活に困窮し、（さらに）年老いていた。魚釣りをしていて周の西伯に知遇を得ることを求めた。西伯は狩りに出ようとしてその成果を占った。その占いに、「猟の獲物は龍ではなく、雨竜（＝伝説上の竜の一種、雌の竜など様々な説がある）ではなく、虎ではなく、ヒグマでもなく、捕れる獲物は覇王の補佐となるものだろう」と出た。それで周の西伯は狩りをした。案の定（＝その占いの通り）（西伯は）呂尚に渭水の北岸で出会った。ともに語って（西伯は）大いに喜んで言った、「私の先君太公より、『聖人がいてきっと（我が）周に行くだろう。周はそれによって強力になるだろう』と言われている。あなたはまさにその人ではないか。私の亡き父太公があなた（の出現）を望むことは昔からのことだった」と。それで呂尚を称して太公望と言った。車に乗せてともに帰り、軍師として太公望を立てた。

解説

問1　易　1・2　正解は　(1)＝①　(2)＝⑤

語句の読みを答える問題。(1)・(2)とも頻出語句である。

(1)「嘗」は〝味を見る〟という意味の「なむ」、〝試す〟という意味の「こころむ」などの読み方があるが、試験で出題されるのはほぼ「かつて」だけである。ここは呂尚の過去を語っている部分であり「かつて」の読みしかない。〝以前に〟という意味となる。

(2)「与」は動詞では「あたふ」「あづかる」「くみす」、助字として「ために」「と」「より」、文末の疑問や反語の助字「か」「や」などの用法もあるが、ここは〝一緒に語った〟という文脈であり、「ともに」の読みが正しい。

頻出の読みであり、選択肢から選ぶという出題形式からも易の出題。(1)が八〇％弱、(2)も六〇％を超える正答率である。

問2　標準　3・4　正解は　(ア)＝②　(イ)＝④

語句の本文中での意味・用法を答える問題。

(ア)「果」は、名詞や動詞（「はたす」「はてる」）として使われることもあるが、ここでは、選択肢がいずれも副詞となっていることからわかるように、副詞として使われている。副詞の場合は「はたして」と読む。前後の内容を確認すると、「果」の前文で、占いを行ったところ、天下の覇王となることを補佐する者を獲物として得られるだろうという結果が出たため狩猟をしたことが述べられている。そして「果」を含む文で「太公」に出会ったと述べられるので、**占いの結果の通りに呂尚に出会った**という文脈と考えられる。この内容を押さえれば、②「案の定」が正解とわかる。

占いの結果を受ける文脈であり、①「たまたま」出会ったのでは、占いの結果は関係ない。同様に、③「思いがけず」では占った意味がなく、④「やっとのことで」ではおかしい。

⑤「約束どおりに」に引っかかった受検者が多かったのではないだろうか。占いで言われた結果として「約束どおりに」太公望に会えたと解答したと思われるが、占いは先のことを予見するものであり、決して「約束」されたものでないことに留意しなければならない。おみくじの結果が約束されたものではないことからも理解できるだろう。

(イ)「当」は、返り点の上下点の「下」が付いていることから、「適」から返って最後に読んでおり、**再読文字**「当《まさ》に〜(す)べし」であるとわかる。問題は、この「当」の訳として、「**当然〜すべきだ**」、「**きっと〜だろう**」のどちらが当てはまるかを文脈から確認しなければならないことである。ここは、西伯の亡き父太公が言った、〈聖人が出てきて周に行く。それにより周が興るだろう〉という内容に着目すると、この「聖人」が呂尚であることがわかる。**亡き父太公の予言を示す箇所**であることから、④の「きっと〜だろう」の意味が最適であることがわかる。

①の「ぜひとも〜すべきだ」は再読文字「当」の訳として使うが、亡き父太公の予言の言葉としては不適当な表現である。②・③・⑤は「当」の訳し方として不適。

知識と文脈両面から検討する問題である。入試問題や模試などでよく出される形式と難易度であり、標準の問題。ただプレテストの正答率は(ア)が一二・六%、(イ)が二六・一%と非常に低い。(ア)は引っかけの選択肢に引っかかったのだろうが、この正答率は低すぎる。問題自体の難易度というよりも、これまでの大問に時間をとられたため、割合簡単であった最後の漢文の大問に時間を割けなかった受検者が多かったのではないかと推察される。

問3　標準　5　正解は⑤

白文を読み、**書き下し文と返り点**を検討する問題。本文の文脈を読み取り、この部分でどのように読むのが妥当かを検討する。

ここは、**西伯が猟に出ようとして、その成果を占った**という内容が想定できるだろう。そこから「将」が再読文字の「将《まさ》に〜んとす」であることに気づけば、選択肢を絞ることができる。なお、①の書き下し文は「将」を再読文字として読んではいるが、文末が「〜んとす」ではなく「〜べし」となっており、読みがおかしいうえに、この読み方で訳すと〈狩りに出てから占いをする〉という内容になってしまう。狩りでの結果を占うのであって、狩りに出てから占っても仕方がないので、①は誤り。⑤の「将に出でて猟りせんとし之を卜ふ」であれば、狩りをしようとしてその結果を〈狩りをする前に〉占うという内容に合致する。返り点の打ち方も正しいので、正解は⑤である。②〜④は「将」を再読文字として読んでいないという点で明らかに誤りの選択肢である。

頻出の問題であるうえに、基本的再読文字を絡めた問題であり、それほど難しくはないと思われる。しかし、プレテストの正答率は三〇・三％と、問題の難易度のわりには高くない。

問4　標準　6　正解は③

傍線部の解釈を問う問題。文脈を踏まえて傍線部分の会話の主体をとらえ、語句の用法、指示語の指す内容とともに訳出することが必要である。傍線部分の会話が呂尚、西伯のどちらの発言かをつかむのがまず第一。「太公」が〈呂尚〉と〈西伯の亡き父〉の両方の意味で出てくるので混乱するが、（注）の説明をしっかり読み取るべきである。（注）4にあるように、「先君太公」が西伯の父のことであるので、**傍線部分は西伯の発言**である。

そのうえで第二のポイントが、**「子」と「是」の意味**がつかめたか、である。傍線部は西伯が呂尚に語っている内容であり、「子」は〝子ども〟ではなく、〝あなた〟を意味する人称代名詞であることに気づくことが大切だ。傍線の直前にある、先君太公の「当有聖人……以興（＝聖人が周の国に行くだろう。それによって周が興るだろう）」という予言の「**聖人**」は**あなたのことなのか**と、西伯が驚きをもって語っているということを読み取る。つまり、「是」は「聖人」を指している。これらを踏まえて選択肢を確認する。

①**不適**。〈「我が子」がこれ（＝予言されたその人）に違いない〉は、まったく見当違いの解釈。「邪」の意味も含まれていない。

②**不適**。前半部分は問題ないが、後半部分を反語で解釈してしまうと、〝あなたはまさに予言されたその人だろうか、いやそうではない〟という展開になってしまい、誤り。

③**適当**。〝あなたはまさにその予言された人ではないか〟という解釈であり、文脈に適合する。

④**不適**。「我が子がまさにその人だろうか」では、呂尚ではなく西伯の子が予言された人になってしまう。西伯の子は登場していない。

⑤**不適**。「子」を「我が子」と解釈しており、誤りの選択肢。

それほど複雑な文章ではなく、解釈の問題として標準の問題だが、正答率は四一・五％と五割に達しなかった。

□□

問5　難　7　正解は①・⑥

漢詩の形式、歴史的意義についての知識をもとに妥当な説明を選ぶ問題。漢詩の形式についての知識を直接問う問題はセンター試験ではほとんどなかったが、共通テストでは出題されている。プレテストではさらに、正しいものをすべて選べという形式だったので、驚いた受検者も多かっただろう。絶句・律詩の押韻などについては、第2章・準備編の42ページにまとめて掲載しているので、確認しておいてほしい。【文章Ⅱ】の佐藤一斎の漢詩は一行七字の四行で構成されており、「七言絶句」である。「帰《キ》」「違《イ》」「磯《キ》」の字で韻がふまれている。以上をもとに選択肢を検討する。

①適当。七言の絶句、律詩とも一句目末と偶数句末で押韻するのが基本である。この詩の形式、押韻の説明として正しい。

②不適。律詩は八行の詩であり、この詩は「七言律詩」ではない。「対句を構成している」も誤り。この詩に対句は含まれていない。よって明らかに誤りの選択肢。

③不適。古体詩は行数が定まっていない詩であり、長いものもあれば、四行、八行のものもある。押韻などの形式はかなり自由であり、絶句、律詩などの近体詩に比較して形式性が弱い。また、首聯、頷聯、頸聯、尾聯は、律詩の二行ずつを聯として数えるものであり、絶句の説明としては誤り。

④不適。「漢詩は日本人の創作活動の一つにはならなかった」が明らかに誤り。日本の漢詩の歴史は古く、奈良時代からつくられており、漢詩集として奈良時代には『懐風藻』が編まれている。平安時代には勅撰漢詩集もつくられており、『凌雲集』『文華秀麗集』『経国集』が有名だ。

⑤不適。④の解説からわかるように、「日本人は江戸時代末期から漢詩を作るようになった」は誤り。

⑥適当。「古くから日本人が漢詩文に親しみ」、「教養の基礎としてきた」のは、漢詩集の撰集があることや、『枕草子』、『源氏物語』などの記述からも明らかである。

漢詩と日本の漢詩文の歴史についての知識問題である。高校の授業で扱われているはずの内容であるが、すべて過不足なく選べという形式が問題としての難度を押し上げている。プレテストでの正答率は一四・七％と非常に低い。理系はもとより文系の受検者にとっても、文学史や文化的知識は学習の及ばない分野かもしれないが、今後も注意が必要な内容である。

このように、**文学史などの様々な知識を総合しなければ対応できないような問題**も出題されることが考えられる。第１回プレテストでは、古文の大問（演習問題４）で、写本により受け継がれている知識について問う問題が出されるなど、古典の文化的な教養が役に立つ出題がみられた。どこで何の知識が関連してくるかわからず、その知識があれば得点を見込める問題もあるだろう。「捨て教科」や「捨て分野」を作ってしまうと、高得点が見込めなくなることを覚悟すべきである。

問６　やや難　8・9　正解は　A群―③　B群―⑤　複数資料　言語活動

【文章Ⅱ】の〈コラム〉の文中にある**誤った表現**をA群から選び、**それを正しく改める**とB群のどれになるかを答える問題である。**複数の資料から相違点を読み取り**、そのことを説明した適切な選択肢を選ぶ問題となっている。コラムは太公望と釣り人との関連を説明した部分である。A群の選択肢のうち、②の「釣り人のことを『太公望』と言います」という内容は、辞書どおりの意味を説明しており、誤りではない。この正誤判定にあたっては、**「太公望」という言葉の意味がわかっているか**という知識が影響する。自信がない場合は、②は保留として他の選択肢を確認するというのがよいだろう。

次に、A群の①と③を検討する。①の「**文王との出会いが釣りであった**」という内容は、**【文章Ⅰ】**の一行目にある「以漁釣奸周西伯」の部分と合致するので、誤りではないと言える。③は、「太公望」の名前の由来が、**【文章Ⅰ】**では「西伯が望んだ人物だったから」と説明している。しかし【文章Ⅰ】の四、五行目の「『……吾太公望子久矣。』故号之曰太公望」の部分から、太公（＝西伯の先君）が望んだ人という意味が【文章Ⅰ】での「太公望」の由来であり、「西伯が望んだ」という記述は誤り。よってA群ではこの③の選択肢を解答する。

B群は六つの選択肢があるが、A群とB群を比べれば、A群の①を改める候補がB群の①・②であり、同様に、A群の②がB群の③・④、A群の③がB群の⑤・⑥に対応するとわかるだろう。よってA群の誤りが③だと把握できれば、B群は⑤か⑥に絞られる。先に検討したとおり、太公が望んだ人物が太公望だという⑤が正解となる。⑥は「子」を〝子ども〟の意味で読んでおり、これは【文章Ⅰ】に関しては誤読である。

B群の他の選択肢をみるとすべて誤りの説明である。①文王は占いをしたあとに呂尚に会っているので、「卜いをしている時に出会った」は明らかに誤り。②文王は「猟」はしているが「釣り」をしていたかどうかははっきりしない。③・④は「太公望」の意味を誤って説明している。

【文章Ⅰ】の読み取りをもとに誤りを探す問題である。A群が三つの選択肢から選ぶ形で、それがわかればB群の解答が自ずとわかってくる問題であるが、プレテストの正答率は二二・五％ととても低い。これまでの問題に時間がかかり、この設問を吟味する余裕がない受検者が大部分だったのだと思われる。

問7　標準　10　正解は⑤　複数資料　文章全体

【文章Ⅰ】と【文章Ⅱ】の漢詩の両方に登場する太公望（呂尚）について、両者を比較し、**佐藤一斎の漢詩から読み取れる太公望の説明を、**選択肢から選ぶ問題。漢詩に描かれる太公望は、漢詩の第一句・第二句の訳からわかるように、文王に仕えることは本意ではなく、自然の中で一人釣りをすることを願っていた。これを押さえたうえで選択肢を確認する。

①不適。「謬りて」（＝不本意にも）は、第一句の訳にあるように、文王に周に連れていかれたことに対する思いであり、明らかに誤りの選択肢。

②不適。①と同様、「殷を討伐した後」の「むなしさ」は、第一句の「謬りて」とは関係ない。また討伐後に「むなしさ」を感じていたと読める部分はない。

③不適。訳にあるように、釣り竿一本だけで「風月」、つまり自然の中で静かに風流を味わう生活を送りたいという願いとは異なることになった、というのが第二句の解釈である。よって「釣りをするだけの生活」は太公望が望んだ生活であり、これが「心と違ふ」という説明は誤り。

④不適。「その後の待遇」がよくないために太公望が「不満」を感じたという内容は漢詩から読み取れない。

⑤適当。第四句について、昔の釣りのことを毎夜夢に見ていたという訳がされており、「本来は釣磯で釣りを楽しんでいたかったという太公望の望み」という説明は、漢詩の内容に合致する。

⑥不適。磻渓については、昔の釣磯を夢見ていたのであり、昔釣りをしていた地方を領地としてもらいたいわけではないので、誤りの選択肢。

複数資料が対象の出題となっているが、実質的には、【文章Ⅱ】の漢詩の訳と選択肢の読解だけで解ける問題である。選択肢は六つあるが、問5のように正しいものをすべて選ぶのではなく、最も適切なものを一つ選ぶという形式であり、難易度的に標準の問題。ただし、正答率は三三・〇％と高くない。やはり、ここまで到達しなかった受検者が多かったのだろう。

演習問題6

問題

問題　次の【問題文Ⅰ】の詩と【問題文Ⅱ】の文章は、いずれも馬車を操縦する「御術《ぎょじゅつ》」について書かれたものである。これらを読んで、後の問い（問1～6）に答えよ。なお、設問の都合で返り点・送り仮名を省いたところがある。（配点　50）

≫目標時間　20分

【問題文Ⅰ】

吾ニ有リ㆓千里ノ馬㆒　毛(注1)骨(1)何蕭《せう》(注2)森タル
疾《はや》ク馳《は》スレバ如ク㆓奔風ノ㆒　白日ニ無シ㆑留ムル㆑陰ヲ
徐《おもむ》ロニ駆《か》クレバ当タリ㆓大道ニ㆒　歩《ほ》(注3)驟《しう》ハ中《あ》タル㆓五(注4)音ニ㆒
A 馬ニ雖モ㆑有リト㆓四足㆒　遅速ハ在リ㆓吾ガ［X］㆒
六《りく》(注5)轡《ひ》ハ応ジ㆓吾ガ手ニ㆒　調和スルコト如シ㆓瑟《しつ》(注6)琴ノ㆒

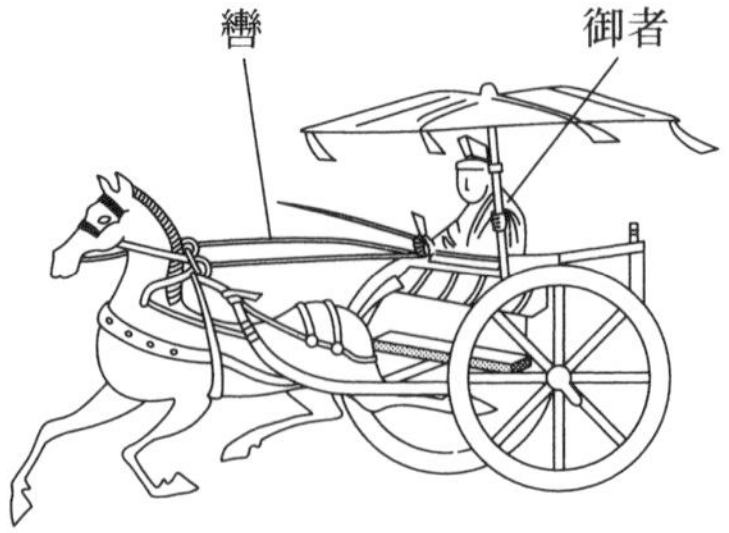

馬車を走らせる御者

東西ト与二南北一　高一レ下ス山ト与レ林ヲ

B

惟意所欲適　九(注7)州可シ二(2)周尋ヌ一

(3)至レル哉人ト与レ馬　両楽不二相侵サ一

伯(注8)楽ハ識二ルモ其ノ外ヲ一　(ア)徒知ル二価ノ千金ナルヲ一

王良ハ得タリ二其ノ性ヲ一　此ノ術(イ)固已ニ深シ

良馬ハ須《ま》ツ二善(注9)駁《ぎょ》ヲ一　吾ガ言可レシ為レス箴《しん》ト(注10)

(注)

1　毛骨――馬の毛なみと骨格。

2　蕭森――ひきしまって美しい。

3　歩驟――馬が駆ける音。

4　五音――中国の伝統的な音階。

5　六轡――馬車を操る手綱。

6　瑟琴――大きな琴と小さな琴。

7　九州――中国全土。

8　伯楽――良馬を見抜く名人。

9　善駁――すぐれた御者（前ページの図を参照）。

駁は御に同じ。

10　箴――いましめ。

（欧陽脩《おうようしゅう》『欧陽文忠公集《おうようぶんちゅうこうしゅう》』による）

【問題文Ⅱ】

王良は趙《ちょう》国の襄主《じょうしゅ》に仕える臣であり、「御術」における師でもある。ある日、襄主が王良に馬車の駆け競《くら》べを挑み、三回競走して三回とも勝てなかった。くやしがる襄主が、まだ「御術」のすべてを教えていないのではないかと詰め寄ると、王良は次のように答えた。

凡ソ御之所レ貴ブ、馬体(a)安ンジ于車ニ、人心(b)調《かな》ヒ于馬ニ、而ル後ニ可シ以テ(c)進ムコト速《すみ》ヤカニシテ致スレ遠キヲ。C今君後則欲レ逮レ臣、先則恐レ逮ニ于臣ニ。夫レ誘《すす》メテ道ニ争フハ遠キヲ、非レ先ンズルニ則チ後ルル也。而シテ(d)先後ノ心ハ在リ于(e)臣ニ。尚ホ何ヲ以テ調ハン於馬ニ。此レ君之所以後ルル也。

（『韓非子《かんぴし》』による）

問1　波線部(ア)「徒」・(イ)「固」のここでの意味と、最も近い意味を持つ漢字はどれか。次の各群の①～⑤のうちから、それぞれ一つずつ選べ。解答番号は 30 ・ 31 。

(ア) 30 「徒」
① 只
② 復
③ 当
④ 好
⑤ 猶

(イ) 31 「固」
① 強
② 難
③ 必
④ 絶
⑤ 本

問2　波線部(1)「何」・(2)「周」・(3)「至哉」のここでの解釈として最も適当なものを、次の各群の①～⑤のうちから、それぞれ一つずつ選べ。解答番号は 32 ～ 34 。

(1) 32 「何」
① どこが
② いつから
③ どのように
④ どうして
⑤ なんと

(2) 33 「周」
① 手あたり次第に
② 何度も繰り返して
③ あらゆるところに
④ きちんと準備して
⑤ はるか遠くより

(3)「至 哉」 **34**

① あのような遠くまで行くことができるものなのか
② こんなにも人の気持ちが理解できるものなのか
③ あのような高い山まで登ることができようか
④ このような境地にまで到達できるものなのか
⑤ こんなにも速く走ることができるだろうか

問3 **【問題文Ⅰ】**の傍線部**A**「馬 雖レ有二四 足一 遅 速 在二吾 **X** 一」は「御術」の要点を述べている。**【問題文Ⅰ】**と**【問題文Ⅱ】**を踏まえれば、**【問題文Ⅰ】**の空欄 **X** には**【問題文Ⅱ】**の二重傍線部(a)～(e)のいずれかが入る。空欄 **X** に入る語として最も適当なものを、次の①～⑤のうちから一つ選べ。解答番号は **35** 。

① (a) 体
② (b) 心
③ (c) 進
④ (d) 先
⑤ (e) 臣

問4　傍線部**B**「惟 意 所 欲 適」の返り点の付け方と書き下し文との組合せとして最も適当なものを、次の①～⑤のうちから一つ選べ。解答番号は 36 。

① 惟 意 所二欲 適一　　惟《た》だ意の欲して適《かな》ふ所にして

② 惟 意 所 欲レ適　　惟だ意《おも》ふ所に適《かな》はんと欲して

③ 惟 意レ所レ欲 適　　惟だ欲する所を意《おも》ひ適《ゆ》きて

④ 惟 意 所レ欲レ適　　惟だ意の適《ゆ》かんと欲する所にして

⑤ 惟 意レ所二欲 適一　　惟だ欲して適《ゆ》く所を意《おも》ひて

問5　傍線部**C**「今 君 後 則 欲レ逮レ臣、先 則 恐レ逮二于 臣一。」の解釈として最も適当なものを、次の①～⑤のうちから一つ選べ。解答番号は 37 。

① あなたは私に後ろにつかれると馬車の操縦に集中するのに、私が前に出るとすぐにやる気を失ってしまいました。

② あなたは今回後れても追いつこうとしましたが、以前は私に及ばないのではないかと不安にかられるだけでした。

③ あなたはいつも馬車のことを後回しにして、どの馬も私の馬より劣っているのではないかと憂えるばかりでした。

④ あなたは後から追い抜くことを考えていましたが、私は最初から追いつかれないように気をつけていました。

⑤ あなたは私に後れると追いつくことだけを考え、前に出るといつ追いつかれるかと心配ばかりしていました。

演習問題6

問6　【問題文Ⅰ】と【問題文Ⅱ】を踏まえた「御術」と御者の説明として最も適当なものを、次の①～⑤のうちから一つ選べ。
解答番号は 38 。

① 「御術」においては、馬を手厚く養うだけでなく、よい馬車を選ぶことも大切である。王良のように車の手入れを入念にしなければ、馬を快適に走らせることのできる御者にはなれない。

② 「御術」においては、馬の心のうちをくみとり、馬車を遠くまで走らせることが大切である。王良のように馬の体調を考えながら鍛えなければ、千里の馬を育てる御者にはなれない。

③ 「御術」においては、すぐれた馬を選ぶだけでなく、馬と一体となって走ることも大切である。襄主のように他のことに気をとられていては、馬を自在に走らせる御者にはなれない。

④ 「御術」においては、馬を厳しく育て、巧みな駆け引きを会得することが大切である。王良のように常に勝負の場を意識しながら馬を育てなければ、競走に勝つことのできる御者にはなれない。

⑤ 「御術」においては、訓練場だけでなく、山と林を駆けまわって手綱さばきを磨くことも大切である。襄主のように型通りの練習をおこなうだけでは、素晴らしい御者にはなれない。

〈二〇二一年度本試験第1日程第4問〉

演習問題6

解答

問1　(ア)＝①　(イ)＝⑤（8点・各4点）　問2　(1)＝⑤　(2)＝③　(3)＝④（15点・各5点）　問3　②（6点）

問4　④（6点）　問5　⑤（6点）　問6　③（9点）

出典

Ⅰ　欧陽脩「有馬示徐無党」（『欧陽文忠公集』巻五・古詩十八首）

Ⅱ　『韓非子』〈喩老第二十一〉

欧陽脩（一〇〇七～一〇七二年）は北宋の政治家・学者・文学者。現在の江西省吉安の人。字は永叔。号は酔翁。有能な官僚であったが、地方への左遷と中央への復帰を繰り返した。また唐宋八大家の一人として北宋の新しい文学の基礎を築いた。著書・編書に『新唐書』『五代史記』（『新五代史』）『六一詩話』『帰田録』などがある。『欧陽文忠公集』（全一五三巻）は彼の全集である。

韓非（?～前二三三年頃）は戦国時代末期の法家の思想家。荀子の性悪説に立って儒家の徳治主義を退け、厳格な法治主義を説いた。その説は秦の始皇帝に影響を与えたとされる。『韓非子』（全二十巻）は韓非およびその一派によって記されたもので、編者は不明である。

要旨

Ⅰ　詩は二十二句から成る五言古詩である。偶数句末に韻を踏む。順に「森（シン）」、「陰（イン）」、「音（イン）」、「心（シン）」、「琴（キン）」、「林（リン）」、「尋（ジン）」、「侵（シン）」、「金（キン）」、「深（シン）」、「箴（シン）」。古詩には律詩のような対句の決まりはないが、第三句と第五句、第十七句と第十九句がそれぞれ対句の関係になっている。それでは本文を三つの部分に分けてあらすじを記そう。

1 **千里の馬**　第1句〜第6句（「吾有…五音」）
千里の馬に引かせる私の馬車は奔風のように疾走し、徐行すれば五音の音階に適う。

2 **人馬一体**　第7句〜第16句（「馬雖…相侵」）
馬車を操るのは意のままで、どこへでも出かけることができ、人馬一体の境地とはこのことだ。

3 **伯楽と王良**　第17句〜第22句（「伯楽…為箴」）
伯楽は価千金の良馬を見抜き、王良は御術にすぐれていた。

Ⅱ　馬車の競走で襄主が王良に負けたのは、襄主が馬と一体化しようとせず、王良との差に気を取られていたからである。

読み

I
吾《われ》に千里の馬有り　毛骨《まうこつ》何《なん》ぞ蕭森《せうしん》たる
疾《はや》く馳《は》すれば奔風のごとく　白日《はくじつ》に陰《かげ》を留むる無し
徐《おもむ》ろに駆《か》くれば大道《たいだう》に当たり　歩驟《ほしう》は五音《いん》に中《あ》たる
馬に四足《しそく》有りと雖《いへど》も　遅速《ちそく》は吾《わ》が心に在り
六轡《りくひ》は吾が手に応じ　調和《てうわ》すること瑟琴《しつきん》のごとし
東西と南北と　山と林とを高下す
惟《た》だ意の適《ゆ》かんと欲《ほつ》する所にして　九州周《きうしうあまね》く尋《たづ》ぬべし
至れるかな人と馬と　両楽相《りやうらくあひ》侵さず
伯楽《はくらく》は其《そ》の外《ぐわい》を識《し》るも　徒《た》だ価《あたひ》の千金なるを知る
王良《わうりやう》は其の性を得たり　此《こ》の術固《じゆつもと》より已《すで》に深し
良馬《りやうば》は善馭《ぜんぎよ》を須《ま》つ　吾が言箴《げんしん》と為《な》すべし

II
凡《およ》そ御《ぎよ》の貴《たつと》ぶ所は、馬体《ばたい》車に安んじ、人心馬に調《かな》ひ、而《しか》る後に以《もつ》て進むこと速やかにして遠きを致すべし。今君後《きみおく》るれば則《すなは》ち臣に逮《およ》ばんと欲し、先んづれば則ち臣に逮ばるることを恐る。夫《そ》れ道に誘《すす》めて遠きを争ふは、先んずるに非《あら》ざれば則ち後るるなり。而《しか》して先後《せんこう》の心は臣に在り。尚《な》ほ何を以て馬に調はん。此れ君の後るる所以《ゆゑん》なり。

全訳

I
私には千里を走る名馬がいて　その毛並と骨格はなんと引き締まって美しいことよ
速く走るとまるで疾風のようであり　太陽の下でもその影を留めることがない

ゆっくりと走ると大きな道を行くようであり　馬が駆ける音は五音の音階に適っている
馬には四本の足があるといっても　遅く走るか速く走るかは私の意のままだ
馬車を操る手綱は私の手に反応して　人馬一体となること、まるで大きな琴と小さな琴のようだ
東西と南北とどの方角にも走り　山と林を上ったり下ったりする
ただ私の心の行きたいと思うままに　中国全土どこでも訪ねて行くことができる
このような境地にまで到達できるものなのか、人と馬は　馬の楽しさと人の楽しさは互いに妨げ合うことがない
良馬を見抜く名人は馬の外見を見分けて　ただ千金に値する馬かどうかがわかる
王良は馬の性質を心得ていて　彼の御術はもともと既に深い
良馬はすぐれた御者を待っている　私の言葉をいましめとするのがよい

Ⅱ　およそ御術《ぎょじゅつ》で大切なのは、馬の体が車としっくり合い、御者の心が馬と一つになることであって、そうして初めて速く進み長い距離を走れるのです。（ところが）いま主君は私に後れると追いつくことだけを考え、前に出るといつ追いつかれるかと心配ばかりしていました。そもそも（馬を）道に引き出して長い距離を競走するというのは、先になるのでなければ後になるのです（先になったり後になったりするのは当然のことです）。しかしながら（主君は）先になったり後になったりと考える心は私の方に向いています。そのうえどうして馬と心を一つにすることができましょうか、いやできません。これが主君が後れた原因です。

≫語　句

Ⅰ　**千里馬**＝一日に千里も走るような名馬。「千里馬常有而伯楽不常有（千里の馬は常に有れども伯楽は常には有らず）」（韓愈「雑説」）という故事成語で有名。すぐれた人物はいつの世にもいるが、これを見分ける能力のある人はめったにいないということのたとえ。

奔風＝疾風。はやて。
留陰＝影を残す。
Ⅱ　所以＝理由。原因。読みは「ゆゑん」。

解説

問１　標準　30・31　正解は　(ア)＝①　(イ)＝⑤

(ア)「徒」は名詞「かち・ともがら」などの読みもあるが、よく目にするのは副詞「いたづらに・ただ〜（のみ）」の読みである。ここも「知」を修飾する副詞となる。「いたづらに」と読めば〝むだに。むなしく〟の意、「ただ〜（のみ）」と読めば〝ただ〜（だけ）〟の意になる。ここは、伯楽は価千金の名馬を見分けることができるという文脈であるから、前者では文脈に合わないので後者の意となる。同じ限定の副詞は①「只」である。②「復（また）」、③「当（まさに〜べし）」、④「好（このむ・すく）」、⑤「猶（なほ〜ごとし）」はいずれも不適。

(イ)「固」は動詞「かたまる」、形容詞「かたし」、副詞「かたく」などの読みがあるが、設問で問われるのは副詞「もとより」の読みであることが多く、ここもそうである。〝もともと。もちろん〟の意。王良の御術が元来すぐれていたことをいう。⑤が正解で、「本来」という熟語があるように、「本」には〝もと。もともと〟の意がある。①「強（つよし・こはし・しふ・しいて）」、②「難（かたし）」、③「必（かならず・かならずしも）」、④「絶（たつ・たゆ）」はいずれも不適となる。

□□

問2　標準　32～34　正解は　(1)＝⑤　(2)＝③　(3)＝④

(1)　「何」は疑問「なんぞ・なにをか・いづくにか・いづれの～（する）」、反語「なんぞ～ん（や）」、詠嘆「なんぞ～や」の三つの用法がある。句末を「蕭森たる」と読むので疑問のようにも思えるが、ここは**「千里馬」の「毛骨」のすばらしさを褒める文脈**であり、疑問ではなく詠嘆の意ととらなければならない。ただ詠嘆の場合は「何～也」のように文末に助詞（助字）を伴うのが一般的であり、そのため「なんぞ～や」と読むのであるが、ここには助詞がない。その理由は**一句五言**という制約があるためで、**助詞が省略された**と考えればよい。よって「なんと」と解釈する⑤が正解となる。①～④はいずれも疑問の解釈となり不適。

(2)　「周」は名詞「まはり」、動詞「めぐる」、形容詞「あまねし」、副詞「あまねく」などの読みがある。選択肢を見るといずれも名詞や動詞の解釈ではなく、直後に「尋ぬ」という動詞があるので、副詞ととれる。すなわち「あまねくたづぬべし」と読む。「あまねく」は〝広く。すべてにわたって〟の意であるから、③「あらゆるところに」が正解となる。馬車に乗って中国全土どこへも行けるということ。ただこの読みを知らなくても、「周囲」「円周」などの熟語から空間的な広がりということはわかるから、③を選択するのは困難ではない。他の選択肢は語義的に誤り。

(3)　「至」は「いたれる」と読むように動詞である。〝到達する。きわまる〟の意。「哉」は「や・か」と読めば疑問・反語、「かな」と読めば詠嘆の意になる。これだけでは判別できないので、直後の「人与馬」に着眼する。「与」は「と」と読む接続詞で、「人と馬と」と読む。これは**「人与馬」と「至哉」を倒置したもの**だと理解すればよい。すなわち「人与馬」が主語で「至哉」が述語である。さらに直後の句を見ると、「両楽」とある。「両」とは人と馬を指すと考えられる。人馬それぞれの楽しみである。人の楽しみは馬を自由に操って行きたい所へ行く楽しみであり、馬の楽しみは疾走する楽しみである。これをふまえて「至哉」に戻ると、これは**人馬一体の境地に至ることをいったもの**だと理解できる。よって「いたれるかな」と読み、④の解釈が適当となる。①・③・⑤は「至」を物理的な移動と解釈しており不適。②は「馬」を主語とした解釈になり不適。

問3　標準　35　正解は②　複数資料

空所を補充する設問。偶数句末にあるので押韻の問題でもある。要旨で示したように「ｉｎ」で統一されている。選択肢は①「体（テイ）」、②「心（シン）」、③「進（シン）」、④「先（セン）」、⑤「臣（シン）」であるから、②・③・⑤が正解の候補となる。傍線部の「雖」は「いへども」と読む逆接の接続詞。〝馬には四本の足があるとはいっても〟という意。「遅速」は〝遅いか速いか〟。馬車の速度の加減をいう。「吾」は作者を指す一人称の代名詞。「わが」と読むから空欄には名詞が入る。また**「馬」と「吾」が対比されている点**にも注意しよう。ここで設問の指示に従い**【問題文Ⅱ】**を検討する。右の三候補の箇所だけ見ると、②（b）は「人心調于馬」とある。「于」は対象を表す前置詞で置き字となる。**人の心が馬と調和する、一体となる**という内容である。③（c）の「進速」は速く進むということ。⑤（e）の「臣」は「君」に対する語で、臣下が君主に対してへりくだって言う一人称の語である。すなわち話者である王良を指す。以上より②を入れるのが適当とわかる。「吾心」に「人心」が対応する形になる。傍線部は要するに、馬車を引っ張って走るのは馬だが、速さを制御するのは自分だという趣旨になる。

問4　標準　36　正解は④

「惟」は問1の「徒」「只」や、「唯」「但」などと同じく限定「ただ～（のみ）」の副詞になる。「意」は「い・こころ・おもひ」と名詞で読んだり、「おもふ」と動詞で読んだりする。「所（ところ）」は下の用言を体言化して名詞句を作る返読文字で、品詞的には助詞になる。〝～するもの。～であること〟などと訳す。「欲（ほつす）」も返読文字で、下から返って「～（せ）んとほつす」と読む。〝～したいと思う。今にも～しようとする〟の意。「適」は「たまたま」などと副詞で読むこともあるが、ここは動詞で「ゆく」または「かなふ」と読む。選択肢はこのいずれかで読んでいるが、「適」→「欲」→「所」と一字ずつレ点で返ることになるから、「ゆかんとほつするところ」と読む④が正解とわかる。「意」は「意の」と送り仮名を付けて下の名詞句を修飾する形になる。全体で〝ただ心の行きたいと思うままに〟の意となる。他の選択肢は「所欲適」の読みがすべて間違っている。

□□

問5　標準　37　正解は⑤

【問題文Ⅱ】のリード文で、襄主と王良が馬車の競走をして三回とも王良が勝ったことが記されている。そして本文に入ると、王良が「御之所貴、馬体安于車、人心調于馬」と述べて、人馬が一体となることの大切さを説いている。傍線部はこれに続く。「今（いま）」は場面の転換を示す接続詞として働く。「君」は前述したように、王良の自称である「臣」に対する語で、主君襄主を指す。「則（すなはち）」はいわゆる「レバ則」と言われる接続詞で、「～（すれ）ばすなはち…」と前後をつなげて〝もし～ならば…〟の意となる。したがって「後則欲」は「後るれば則ち欲す」と読み、〝後れたら…したいと思う〟の意である。また「先則恐」も「先んずれば則ち恐る」と読み、〝前に出たら…と心配する〟の意である。「逮」は「およぶ」と読む動詞で、〝追いつく〟の意になる。この読みは難しいが、「逮捕」の「逮」であるから、〝追いかけて捕らえる〟のような意味であろうと見当はつくだろう。もちろん文脈的にも推測できる。この字は「逮臣」と「逮于臣」の二回登場する。違いは後者が受身形であることである。「于」はここでは受身の用法になり、「臣に逮ばるることを」あるいは「臣に逮ばれんことを」と読まなければならない。

選択肢は「後則欲」に着眼して、「後ろにつかれると」とある①と「後れると」とある⑤に絞り、「心配ばかりしていました」を決め手に⑤を選択すればよい。

①「馬車の操縦に集中する」「やる気を失ってしまいました」が不適。
②「後れても」が不適。これは「雖後（後るといへども）」の解釈になる。「以前は私に及ばない」も不適。
③「後回し」「どの馬も私の馬より劣っている」が不適。
④「後から」「最初から」「気をつけていました」が不適。

□□ 問6　やや難　38　正解は③　複数資料　文章全体

二つの問題文から導かれる事柄を問う設問。共通テストらしい、総合的な思考力・判断力が問われる。次のことを確認したうえで消去法で解く。まず**【問題文Ⅰ】**では、終わり二句に「良馬須善馭」「可為箴」とあるように、御者がすぐれていなければ、たとえ良馬であってもその能力を十分に発揮できないと作者は主張している。このすぐれた御者とは第十九句に「王良得其性」とあるように、馬の性質を理解して、人馬一体の境地に至れる者（第十五句）をいう。次に**【問題文Ⅱ】**でも、人馬が一体とならなければ馬車の競走に勝てないと説いている。以上の点をふまえて選択肢を吟味する。

①**不適**。「馬を手厚く養う」「よい馬車を選ぶ」「車の手入れを入念にし」、このいずれも**【問題文Ⅰ】【問題文Ⅱ】**の内容からはずれている。
②**不適**。第一文は**【問題文Ⅰ】**の第十三〜十六句・第十九句、および**【問題文Ⅱ】**の「人心調于馬…」に合致する。しかし第二文の「馬の体調を考えながら鍛えなければ」はどちらにも書かれていない。
③**適当**。第二文に「他のことに気をとられていては」とあるのは、**【問題文Ⅱ】**の傍線部Cおよび「先後心在于臣」をいったものである。
④**不適**。「馬を厳しく育て」「巧みな駆け引き」「勝負の場を意識しながら馬を育てなければ」は、いずれも**【問題文**

Ⅰ】【問題文Ⅱ】の内容からはずれる。

⑤不適。「山と林を駆けまわって手綱さばきを磨く」が、【問題文Ⅰ】の第十二句の趣旨に合致しない。これは山でも林でも自由に走らせることができるという趣旨である。また「型通りの練習をおこなう」とあるのも【問題文Ⅱ】の内容からはずれる。

演習問題7

問題

問題　次の文章は中唐の詩人、劉《りゅう》禹《う》錫《しゃく》の「元和十一年自朗州至京戯贈看花諸君子」と題するⅠの詩と、「再遊玄都観絶句並序」と題するⅡの詩およびその序文とを記したものである。これを読んで、後の問い（問1〜6）に答えよ。なお、設問の都合で返り点・送り仮名を省いたところがある。（配点　45）

≫ 目標時間　20分

「元(注1)和十一年、(1)自二朗(注2)州一至《リ》レ京《ニ》戯《レニ》贈《ル》二看《みル》レ花《ヲ》諸君子《ニ》一。」云《いフ》、

Ⅰ

紫《し》(注3)陌《はく》紅《こう》塵《ぢん》払《ヒテ》レ面《ヲ》来《タル》　A無人不道看花回

玄(注4)都観裏《り》桃千樹　(2)尽是《レ》劉(注5)郎去《リシ》後《ニ》栽《うウト》

「再《ビ》遊《ブノ》二玄都観《ニ》一絶句並《ビニ》序。」云《フ》、「余《よ》貞(注6)元二十一年、為《リシ》二屯(注7)田員外郎一時、此《ノ》観未《ダ》レ有《ラ》レ花。是《ノ》歳出《デテ》牧《タリ》二連(注8)州《ニ》一。尋《つイデ》貶《おとサル》二朗州司(注9)馬《ニ》一。居《ルコト》十年、召《アリテ》至《ル》二京師《ニ》一。人人皆言《フ》、有《リテ》二道(注10)士一、手《ヅカラ》植《ヱ》二仙桃《ヲ》一、満《ツルコト》レ観《ニ》、如《シト》二紅《こう》霞《かノ》一。遂《ニ》B有《リ》二前篇(注11)一、以《テ》志《しるス》二一時之事《ヲ》一。旋《たちまチ》又出《デテ》牧《タリ》。於《イテ》レ今《ニ》十有四年、復《タ》為《ル》二主(注12)客郎中《ト》一。重《ネテ》遊《ブニ》二玄都《ニ》一、蕩《たう》然《ぜんトシテ》無《ク》二復《タ》一樹一、唯《たダ》兎《と》葵《き》(注13)・燕麦《ノ》動二揺《スル》於

春風㆒ニ耳。因リテ再ビ題㆓シ二十八字㆒ヲ、以テ俟《ま》㆓ツ後遊㆒ヲ。時ニ太（注14）和二年三月也ト。」詩ニ云フ、

Ⅱ　百畝《ぽ》ノ庭中半バハ是レ苔《こけ》　桃花浄尽（注15）シ菜花（注16）開ク

種レ《う》ヱシ桃ヲ道士帰㆓ル何《いづ》処《こ》㆒ニカ　C 前度ノ（注17）劉郎今独リ□

（計有功《けいゆうこう》『唐詩紀事』による）

（注）
1　元和十一年――西暦八一六年。
2　朗州――劉禹錫が都から左遷された地方の州の名。Ⅱの詩の序文に出てくる「連州」も同じ。
3　紫陌紅塵――都大路にたちこめる塵。都のにぎわいの形容。
4　玄都観――都にあった道教の寺院。
5　劉郎――劉禹錫自身をいう。
6　貞元二十一年――西暦八〇五年。
7　屯田員外郎――屯田・官田をつかさどる中央官庁の役人。
8　牧――長官になること。
9　司馬――次官。
10　道士――道教の僧。
11　前篇――Ⅰの詩を指す。
12　主客郎中――賓客の接待をつかさどる中央官庁の役人。
13　兎葵・燕麦――イエニレとカラスムギ。いずれも野草。
14　太和二年――西暦八二八年。
15　浄尽――すっかりなくなる。
16　菜花――野草の花。ここでは「兎葵・燕麦」のこと。

17　前度――以前ここに来たことがある。

問１　傍線部(1)「自」・(2)「尽」の読みとして最も適当なものを、次の各群の①～⑤のうちから一つずつ選べ。解答番号は［1］・［2］。

(1)　「自」［1］
①　みづから
②　おのづから
③　ゆゑに
④　より
⑤　おいて

(2)　「尽」［2］
①　ことごとく
②　ほとんど
③　いたづらに
④　おのおの
⑤　いよいよ

問2　傍線部A「無人不道看花回」の書き下し文と解釈の組み合わせとして最も適当なものを、次の①～⑤のうちから一つ選べ。解答番号は 3 。

① 人の道《い》はずして花を看《み》て回《かへ》るは無し
何も言わずに花を見て帰る人はいない

② 人の花を看て回ると道はずんば無し
花を見て帰るのだと言わない人はいない

③ 人無くんば花を看て回ると道はず
人がいなければ花を見て帰るとは言わない

④ 人として道はずして花を看て回るは無し
人なら何も言わずに花を見て帰ることはない

⑤ 人として花を看て回ると道はざるは無し
花を見て帰るところだと、だれもが言う

問３　傍線部Ｂ「有二前篇一、以志二一時之事一。旋又出牧」とあるが、これに関して孟棨《もうけい》『本事詩』には次のように記してある。その要旨として最も適当なものを、後の①～⑤のうちから一つ選べ。解答番号は［４］。

其《ノ》詩一《タビ》出《デテ》、伝《ハルヤ》二於都下《ニ》一、有《リ》下素《もとヨリ》嫉《にくム》二其《ノ》名《ヲ》一者上。白《まうシ》二於執政（注１）《ニ》一、又誣（注２）《しフ》三其《ノ》有《ルヲ》二怨《ゑん》憤《ぷん》一。他日見《まみエ》二（注３）時宰《ニ》一、与《ニ》坐《ス》。慰問《スルコト》甚《ダ》厚《シ》。既《ニ》辞《スルニ》、即《チ》曰《ハク》、「近日《ノ》新詩、未《ダ》レ免《レ》レ為《ルヲ》レ累《わづらヒト》、奈何《セント》。」不《シテ》二数日《ナラ》一、出《デテ》為《ル》二連州刺史（注４）《ト》一。

（注）１　執政――中心となって政務を執る人。
　　　２　誣――事実をまげて言う。
　　　３　時宰――当時の大臣。
　　　４　刺史――長官。

① 劉禹錫の名声を妬む者が、Ｉの詩は左遷された私憤を述べたものだと執政に告げ口したために、劉禹錫はふたたび連州に左遷された。

② Ｉの詩が都に広まると、この詩は危険思想を述べたものだというあらぬ噂が大臣の耳に入ったために、劉禹錫はふたたび連州に左遷された。

③ Ｉの詩が劉禹錫の名声をいっきに高めるや、上司である執政が彼を脅威とみなしたために、劉禹錫はふたたび連州に左遷された。

④　劉禹錫が自分を左遷させた執政や大臣に対する恨みをＩの詩にあからさまに表現したために、劉禹錫はふたたび連州に左遷された。
⑤　劉禹錫が都に戻ってももはや自分には出世の望みがないという内容のＩの詩を作ったために、劉禹錫はふたたび連州に左遷された。

問４　傍線部Ｃ「前 度 劉 郎 今 独 □」の□を補うのに最も適当なものを、次の①〜⑤のうちから一つ選べ。解答番号は［５］。

①　嘆　②　来　③　捜　④　泣　⑤　怪

問５　本文および問３の『本事詩』引用文に基づけば、劉禹錫が遍歴した地の順路はどうなるか。最も適当なものを、次の①〜⑤のうちから一つ選べ。解答番号は［６］。

①　都 → 連州 → 朗州 → 都 → 連州
②　都 → 連州 → 朗州 → 都 → 連州 → 都
③　都 → 連州 → 都 → 朗州 → 都
④　連州 → 都 → 朗州 → 都 → 連州
⑤　連州 → 朗州 → 都 → 連州 → 都 → 連州

問６　次に掲げるのは、Ⅰ・Ⅱの漢詩について話し合った生徒の会話である。彼らの意見のうち最も適当なものを、次の①～⑤のうちから一つ選べ。解答番号は［７］。

① 生徒Ａ――Ⅰの詩を作って叩《たた》かれたにもかかわらず、懲りずにⅡの詩を作るなんてどうかしてるよ。このⅡの詩でも相変わらず、身の不遇をかこつ心情をせつせつと訴えているじゃないか。
② 生徒Ｂ――いや、Ⅰの詩はともかく、Ⅱの詩はわが身の不遇をかこったものではなく、桃の花を植えて人々を楽しませて、いつのまにか去っていった道士をしのんで作った詩だと思うよ。
③ 生徒Ｃ――そうかなあ。Ⅰの詩がわざわいして左遷されたのに、Ⅱの詩を作るとは不屈の精神を感じるなあ。このⅡの詩には時世の変化の激しさをしみじみと感じる心情がこめられているよ。
④ 生徒Ｄ――別の見方もできるわ。Ⅰの詩を作った時からⅡの詩を作るまでに劉禹錫が味わった苦難を考えると、将来を楽観する心情から悲観する心情への変化が読み取れるんじゃないかしら。
⑤ 生徒Ｅ――なるほどね。でもそれは反対かもしれない。Ⅰの詩にはわが身の浮沈についての嘆きがこめられているのに対して、Ⅱの詩にはどこか達観したような明るさがこめられていると思うよ。

〔一九八七年度本試験第４問・改〕

演習問題7

解答

解答

問1　(1)＝④　(2)＝①（6点・各3点）　問2　⑤（8点）　問3　①（9点）　問4　②（4点）

問5　②（9点）　問6　③（9点）

出典

計有功『唐詩紀事』〈巻三十九〉

孟棨『本事詩』

劉禹錫《りゅううしゃく》（七七二〜八四二年）は中唐の詩人。中山（河北省定県）の人。字は夢得《ぼうとく》。科挙に合格して中央政府の官僚となり、将来の宰相と嘱目されるも、政争に巻き込まれて地方に左遷される。やがて中央に召還されるが、その後も中央と地方諸官を歴任する。左遷された経験をもとに、民衆の生活や感情を詩にうたい、民謡の歌詞を改作した。また白居易らと親しく交わり、詩を唱和した。詩文集『劉夢得文集』、『外集』がある。

『唐詩紀事』は唐代の詩人の詩および詩にまつわる話や、詩人の評伝、評論などを収める。全八十一巻。宋の計《けい》有功《ゆうこう》が編集した。また『本事詩』は唐代の詩人に関する逸話を収める。全一巻。晩唐の孟棨《もうけい》が著した。

読み

【『唐詩紀事』】「元和十一年、朗州《らうしう》より京に至り戯《たはむ》れに花を看《み》る諸君子に贈る」。云《い》ふ、

紫陌紅塵《しはくこうぢん》面を払ひて来たる　人として花を看て回《かへ》ると道《い》はざるは無し
玄都観裏《り》桃千樹　尽《ことごと》く是《こ》れ劉郎《りうらう》去りし後に栽《う》うと

「再び玄都観に遊ぶの絶句並びに序」。云ふ、「余《よ》貞元二十一年、屯田《とんでん》員外郎たりし時、此《こ》の観未《いま》だ花有らず。是《こ》の歳《とし》出《い》でて連州に牧《ぼく》たり。尋《つ》いで朗州司馬に貶《おと》さる。居ること十年、召《せう》ありて京師《けいし》に至る。人人皆言ふ、道士《だうし》有りて、手づから仙桃を植ゑ、観に満つること、紅霞《こうか》のごとしと。遂《つひ》に前篇有り、以《もつ》て一時の事を志《しる》す。旋《たちま》ち又《また》出でて牧たり。今に於いて十有四年、復《ま》た主客郎中と為《な》る。重ねて玄都に遊ぶに、蕩然《たうぜん》として復た一樹無く、唯《た》だ兎葵《とき》・燕麦《えんばく》の春風に動揺するのみ。因《よ》りて再び二十八字を題し、以て後遊を俟《ま》つ。時に太和二年三月なり」と。詩に云ふ、

百畝《ぼ》の庭中半《ていちうなか》ばは是れ苔《こけ》　桃花浄尽《たうくわじやうじん》し菜花《さいくわ》開く
桃を種《う》ゑし道士何処《いづこ》にか帰る　前度の劉郎今独り来たると

【『本事詩』】其《そ》の詩一たび出でて、都下に伝はるや、素《もと》より其の名を嫉《にく》む者有り。執政に白《まう》し、又其の怨憤《ゑんぷん》有るを誣《し》ふ。他日時宰《じさい》に見《まみ》え、与《とも》に坐す。慰問すること甚《はなは》だ厚し。既に辞するに、即ち曰《い》はく、「近日の新詩、未だ累《わづら》ひと為《な》るを免《まぬか》れず、奈何《いかん》せん」と。数日ならずして、出でて連州刺史《しし》と為る。

全訳

【『唐詩紀事』】「元和十一年、朗州から都に戻り、戯れに、花見に出かける人々に贈る」。（その詩に）いう、

都大路にたちこめる土ぼこりが顔に吹きつける　花を見て帰るところだと、だれもが言う
玄都観には千本もの桃の木がある　これらはすべて私が都を去った後に植えられたものだ

「ふたたび玄都観を訪れたときの絶句と序」。（その序に）いう、「貞元二十一年、私が屯田員外郎であったときには、この玄都観にはまだ桃の花はなかった。この年、私は左遷されて連州の長官になった。次いで朗州の次官に降格された。（朗州で）十年を送った後、召還されて都に戻った。（そのとき）人々がみんな言うのだ、ある道士が、自分の手で桃を植えて、（それが生育して）玄都観に咲き満ちるさまは、赤く染まった雲を眺めるかのようだと。そこであの詩を作って、その当時のことをうたった。（ところが）たちまちまたもや左遷されて（連州の）長官となった。それから十四年後の今、また（都に召還されて）主客郎中となった。ふたたび玄都観を訪れたが、桃の木はあとかたもなく一本も残らず、ただイエニレやカラスムギが春風にそよいでいるだけである。そこでもう一度二十八字の絶句を書きつけて、後から訪れる人を待ち受けることにする。時に太和二年三月のことである」と。（その）詩にいう、

あの広い庭の半ばは苔に覆われている　　桃の花はすっかりなくなって、あとには野草の花が咲いている

桃の木を植えた道士はどこへ行ったのか　　以前ここに来たことのある私はいま独り戻ってきた

【『本事詩』】その詩がひとたび発表されて、都中に伝わると、以前から劉の名声をねたむ者が、執政に告げ口をして、あの詩には（自分の左遷中に後進の者たちが自分を追い越して出世していることに対する）恨みや怒りが表現されていると、事実を曲げて言った。別の日（劉禹錫は）当時の大臣を訪問し、席を共にした。（大臣は）たいそう心をこめて（彼を）慰めた。やがて（劉禹錫が）帰ろうとすると、（大臣が）言うことには、「（君が）最近作った新しい詩は、わざわいの種となるのを免れないが、どうしたものだろうか、いやどうすることもできない」と。（都に戻って）数日も経たないのに、（劉禹錫は）左遷されて（またもや）連州の長官となった。

≫ 語　句

【『唐詩紀事』】

玄都観裏＝「裏」は場所を表す接尾辞。

劉郎＝「郎」は男子の美称。また後続の「屯田員外郎」の「郎」は中央官庁の中級の役人をいう。

出＝地方官として中央を離れる。

貶＝官位を下げる。

京師＝天子の都。

紅霞＝夕日に赤く染まった雲。

志＝書き留める。

十有四年＝十四年。「有《いう》」は〝加えて。プラスして〟の意。

蕩然＝あとかたもなくなったさま。

二十八字＝七言絶句。

百畝＝「百」は数の多いことを表す。「畝」は耕地・宅地の単位で、一畝はほぼ五～六アール。


【『本事詩』】

白＝ここは〝(上の人に)申し上げる〟の意の動詞になる。

怨憤＝恨みと激しい怒り。

累＝わずらい。心配事。

奈何＝「いかんせん」と読む。ここは反語で、〝どうしようか、いやどうしようもない〟の意。

解説

問1 やや易 1・2 正解は (1)＝④ (2)＝①

傍線部の読みを問う設問。

(1)「自」は、副詞として「みづから（＝自分で）」と「おのづから（＝自然と）」と読む場合と、時間・場所の起点・経由を表す前置詞として「～より（＝～から）」と読む場合とがある。ここは返り点「二一」が付くことからもわかるように後者の用法となる。「**自A至B（AよりBに至る）**」という形はよく見かけるもの。

(2)「尽」は、動詞として「つく・つくす」と読む場合と、副詞として「**ことごとく**（＝残らずすべて）」と読む場合とがある。選択肢がすべて副詞の読みであることからもわかるように、ここは後者の用法になり、動詞「栽（うう）」を修飾する。

なお「尽」を否定文で用いる場合には**全部否定**「**尽不～**（ことごとく～（せ）ず）」と**部分否定**「**不尽～**（ことごとくは～（せ）ず）」の形がある。前者は〝まったく～しない〟、後者は〝すべて～するとは限らない〟の意。特に後者の場合は「尽」の読みが変わるので注意が必要である。

問2　標準　3　正解は⑤

傍線部の**書き下し文と解釈**を問う設問。二重否定の句形「**無A不～（Aとして～ざる（は）無し）**」になる。〝どんなAでも～しないものはない。どんなAでもみな～する〟の意。傍線部では「人」がAに当たり、「道（いふ）」が「～」に当たる。よって「人として道《い》はざるは無し」と読むことになる。「看花回」は「道」の内容となり、「花を看《み》て回《かへ》る」と読む。全体で、〝**どんな人でも花を見て帰ると言わないものはない**〟の意。「花」とはもちろん転句（第三句）でよまれる玄都観の桃の花をいう。また句末に「帰（キ）」ではなく「回（カイ）」という字を用いたのは**押韻**のためで、起句（第一句）の「来（ライ）」、結句（第四句）の「栽（サイ）」と韻を合わせている。

選択肢はこの句形に注目すれば、迷わずに⑤を選択できる。訓点は次の通りである。

無《シ》㆓人《トシテ》不《ルハ》㆑道《ハ》㆓看《テ》㆑花《ヲ》回《ルト》㆒

重要 二重否定の主な形 （「～」は用言。「A」は体言）

無不～	～ざる（は）無し	～しないものはない
無非A	Aに非ざる（は）無し	Aでないものはない
非不～	～ざるに非ず	～しないわけではない
不可不～	～ざるべからず	～しなければならない
未嘗不～	未だ嘗て～ずんばあらず	まだ一度も～しなかったことはない
無A不～	Aとして～ざる（は）無し	どんなAでも～しないことはない
不A不～	Aとして～ずんばあらず	どんなAでも～しないことはない

問3 やや難 4 正解は①

複数資料 文章全体

引用箇所の要旨を問う設問。まずⅡの詩の序文（「余貞元二十一年……」）の前半部で、Ⅰの詩を作ったときの事情が回顧される。それによれば、〈劉禹錫が屯田員外郎の職に就いていたとき、玄都観に桃の木はなかった。ところが貞元二十一年、連州に左遷され、さらに朗州に左遷されて十年過ごし、その後都に戻ってくると、玄都観には道士が植えたという桃の花がいっぱい咲いていた。そこでⅠの詩を作った。ところが、**たちまちまた左遷されてしまった**〉というものである。

ここでⅠの詩の内容を確認すると、起句で都のにぎわいをうたい、承句で花見帰りの人々をうたい、転句で玄都観に咲きあふれる桃の花をうたい、そして結句でこの花は自分が都を離れた後に植えられたものだとうたっている。この詩は、都に戻ってきた喜びを、咲き誇る桃の花に託して表現したものだといちおう理解できそうであるのに、それが再度の左遷の原因となったのはなぜか。そこで『本事詩』に示された解説をみてみよう。

それによると、Ⅰの詩が都に広まると、劉禹錫の名声をねたむ者が、この詩は左遷された恨み・怒りを表現したものだと曲解して執政に告げ口した。大臣は劉禹錫をかばい、彼の詩がわざわいの種となることを憂慮したものの、大臣には打つ手がなかった。そして数日のうちに劉禹錫はまたしても連州の長官に左遷されてしまった、というものである。

そこでもう一度Ⅰの詩をみてみると、玄都観に咲き誇る幾多の桃の木は自分が都を離れた後に植えられたものだというのは、勘繰って考えれば、自分が左遷されているあいだに他の役人たちが出世して、桃の花のようにわが世の春を謳歌《おうか》していると風刺したものだと取れなくもない。なぜならわざわざ結句で自らの左遷のことに触れているからである。したがってもしそうだとすれば、『本事詩』の孟棨が「誣其有怨憤」と言うのは必ずしも当たらず、劉禹錫は役人たちが反感を持つのを承知でこの詩を作ったのかもしれない。いわば確信犯である。いずれにせよ、その辺の事情はよくわからない。でも『本事詩』の要旨（＝述べられている内容の主な点）はつかめる。すなわち、Ⅰの詩が、左遷させられたことの恨みや怒りを述べたものだと曲解されて、劉禹錫はふたたび左遷されてしまったというものである。よって「左遷された私憤を述べた」「執政に告げ口した」と説明した①が正解となる。

② 「危険思想を述べたものだ」が不適。書かれていない。「大臣の耳に入ったために」という理由付けも不適。これでは大臣が劉禹錫を左遷させたことになってしまう。

③ 「執政が彼を脅威とみなした」が不適。書かれていない。

④ 執政や大臣が劉禹錫を左遷させたとは書かれていない。「あからさまに」も不適。

⑤ Ⅰの詩には「もはや自分には出世の望みがない」とは書かれていない。

問4　やや易　5　正解は②

漢詩の押韻を問う設問。漢詩の押韻の原則については、第2章・準備編の42ページに示した。Ⅰの詩と同じくⅡの詩も七言絶句であるから、原則として起句・承句・結句の末尾の字の韻をそろえることになる。起句の「苔」の音は「タイ」、承句の「開」は「カイ」なので、結句の空欄もこれにそろえる。選択肢の音は①が「タン」、②が「ライ」、③が「ソウ」、④が「キュウ」、⑤が「カイ」であるから、②と⑤に絞られる。②なら〝やって来る〟、⑤なら〝おかしいと思う〟の意。この結句の〝以前この寺に来たことのある私は今また独り……〟という文脈をふまえれば、②が適当とわかる。すなわちⅠの詩を作ったとき訪れたように、今度もまたやって来たというのである。

問5　標準　6　正解は②　複数資料　文章全体

本文および引用文のあらすじを問う設問。まずⅠの詩の序文に「元和十一年、自朗州至京」とあるので、元和十一年（八一六年）、朗州から都に戻ったことがわかる。次にⅡの詩の序文に「貞元二十一年……是歳出牧連州。尋貶朗州」、「召至京師」、「又出牧」、「復為主客郎中」、「太和二年三月」とあるので、貞元二十一年（八〇五年）、都から連州、さらに朗州へ下ったこと、その後都に戻ったものの、Ⅰの詩を作ったためにすぐに都を追われたこと、そして太和二年（八二八年）三月、都に戻ってⅡの詩を作ったことがわかる。最後に『本事詩』に「出為連州刺史」とあるので、Ⅰの詩を作った元和十一年、都から連州に左遷されたことがわかる。よって以上の遍歴をまとめれば次のようになる。この間、二十四年である。

演習問題7

貞元二十一年（八〇五年）	都	—左遷→	連州	—降格→	朗州
元和十一年（八一六年）	朗州	—召還→	都（Ⅰの詩を作る）	—左遷→	連州
太和二年（八二八年）	連州	—召還→	都（Ⅱの詩を作る）		

よって②が正解となる。やや込み入っているので、このように自分で図式化するとよいだろう。

問6　標準　7　正解は③

複数資料　文章全体　言語活動

二つの詩についての意見の正否を問う設問。Ⅰの詩については問3で検討したので、Ⅱの詩をみてみよう。この詩は再度の左遷を終えて都に戻り、玄都観を再訪したときに作ったものである。起句で玄都観の広い庭に苔がはびこっているとうたい、承句で桃の木はすべて伐採されてしまったとうたい、転句で桃の木を植えた道士はどこへ行ってしまったのかとうたい、そして結句で自分が独り寂しくこの寺に戻ってきたとうたう。この詩は**玄都観の庭の様子がまたしても一変してしまった**ことをうたっているが、同時に**世の中の絶え間ない変化や、みずからの境遇が激しく流転するさまについての感慨**をもうたっていると理解できよう。それでは選択肢を吟味しよう。消去法で解く。

①不適。Ⅱの詩が「身の不遇をかこつ心情をせつせつと訴えている」と評する根拠が見当たらない。玄都観の変わりように茫然と立ち尽くす劉禹錫の姿が読み取れるのみである。

②不適。「道士をしのんで」というのは転句の「道士帰何処」をふまえたものと言えないこともないが、作者がこの道士と親しく交わったわけではない以上、「しのんで」とまでは言えない。さらにこの詩の主題は結句にあり、故郷の変わり果てた姿に茫然とする浦島太郎のように、世の中やわが身の変転に対する深い感慨が詩作の動機となっている。

一般に詩の主題は題名あるいは結句で表されることが多い。

③適当。「Ⅰの詩がわざわいして左遷された」というのは問3で確認した通りである。「不屈の精神」とあるのも妥当な意見であろう。Ⅰ・Ⅱの詩の結句で「劉郎」と自ら名乗っている点でも強い自我を感じさせる。さらに「時世の変化の激しさをしみじみと感じる心情」とあるのは右に検討した内容に合致する。

④不適。問3でみたように、Ⅰの詩は都に戻れた喜びを咲き誇る桃の花に託したものだと理解すれば、「将来を楽観する心情」を読み取るのもあながち間違いとは言えないかもしれないが、Ⅰの結句がこの読み取りを妨げる。またⅡの詩から「(将来を) 悲観する心情」を読み取る根拠も見当たらない。

⑤不適。Ⅰの詩は「わが身の浮沈についての嘆きがこめられている」というのは妥当な説明と言えるが、Ⅱの詩に「どこか達観したような明るさがこめられている」とは言えない。「今独来」という表現からは孤独感や寂寥感が読み取れる。

演習問題8

問題

問題　次の文章は、北宋《ほくそう》の文章家曾鞏《そうきょう》が東晋《とうしん》の書家王羲之《おうぎし》に関する故事を記したものである。これを読んで、後の問い（問1～7）に答えよ。なお、設問の都合で返り点・送り仮名を省いたところがある。（配点　50）

目標時間　20分

羲之之書《ハ》、(ア)晩乃善。則《チ》其《ノ》所《ハ》能《クスル》、蓋《シ》亦《タ》以《テ》精力《ヲ》自《ラ》致《ス》者《ニシテ》、非《ザル》天成《ニ》也。然《レドモ》後世［X］有《ル》能《ク》及《ブ》者、A豈其学不如彼邪。則《チ》学《ハ》固《ヨリ》(イ)豈可以少哉。B況《ンヤ》欲《スル》深《ク》造《いたラント》道徳《ニ》者《ヲ》邪。墨池之上《ほとりハ》、今《ハ》為《ル》州《ノ》(注1)学舎《ト》。教(注2)授王君盛《ハ》、恐《ルル》其《ノ》不《ルヲ》章《あらはレ》也《や》、書《シ》晋《ノ》王(注3)右軍《ノ》墨池之六字《ヲ》於楹《えい》(注4)間《かん》、以《テ》掲《グ》之《ヲ》。又《タ》告《ゲテ》於鞏(注5)《ニ》曰《ハク》、「願《ハクハ》有《ランコトヲト》記。」C推《スニ》王君之心《ヲ》、豈《ニ》愛《シテ》人之善《ヲ》、雖《モ》一能《ト》不《シテ》以《テ》廃《セ》、而因《リテ》以《テ》及《ブ》乎其《ノ》跡《ニ》邪。其《レ》亦《タ》欲《スル》推《シテ》其《ノ》事《ヲ》以《テ》勉《はげマサント》其《ノ》学《ブ》者《ヲ》邪。D夫人之有一能而使後人尚之如此。況《ンヤ》仁(注6)人荘士

之遺（注7）風余思、被《かうむ》ル二於来世ニ一者如何ソ哉。

（曾鞏「墨《ぼく》池《ち》記《き》」による）

（注）
1　州学舎――州に設置された学校。
2　教授王君盛――教授の王盛《おうせい》のこと。
3　王右軍――王羲之を指す。右軍は官職名。
4　楹――家屋の正面の大きな柱。
5　鞏――曾鞏の自称。
6　仁人荘士――仁愛の徳を備えた人や行いの立派な者。
7　遺風余思――後世に及ぶ感化。

問1　波線部(ア)「晩乃善」・(イ)「豈可㆓以少㆒哉」のここでの解釈として最も適当なものを、次の各群の①〜⑤のうちから、それぞれ一つずつ選べ。解答番号は 29 ・ 30 。

(ア)「晩乃善」 29

① 年齢を重ねたので素晴らしい
② 年を取ってからこそが素晴らしい
③ 晩年になってさえも素晴らしい
④ 晩年のものはいずれも素晴らしい
⑤ 年齢にかかわらず素晴らしい

(イ)「豈可㆓以少㆒哉」 30

① やはり鍛錬をおろそかにするにちがいない
② きっと稽古が足りないにちがいない
③ なんと才能に恵まれないことだろうか
④ どうして努力を怠ってよいだろうか
⑤ なぜ若いときから精進しないのか

問2　空欄 **X** に入る語として最も適当なものを、次の①～⑤のうちから一つ選べ。解答番号は 31 。

①　宜
②　将
③　未
④　当
⑤　猶

問3　傍線部**A**「豈其学不レ如レ彼邪」に用いられている句法の説明として適当なものを、次の①～⑥のうちから二つ選べ。ただし、解答の順序は問わない。解答番号は 32 ・ 33 。

①　この文には比較の句法が用いられており、「～には及ばない」という意味を表している。
②　この文には受身の句法が用いられており、「～されることはない」という意味を表している。
③　この文には限定の句法が用いられており、「～だけではない」という意味を表している。
④　この文には疑問を含んだ推量の句法が用いられており、「～ではないだろうか」という意味を表している。
⑤　この文には仮定を含んだ感嘆の句法が用いられており、「～なら～ないなあ」という意味を表している。
⑥　この文には使役を含んだ仮定の句法が用いられており、「～させたとしても～ではない」という意味を表している。

問４　傍線部**B**「況 欲㆔深 造㆓道 徳㆒者 邪。」とあるが、その解釈として最も適当なものを、次の①～⑤のうちから一つ選べ。解答番号は 34 。

①　ましてつきつめて道徳を理解しようとする者がいるのだろうか。
②　まして道徳を体得できない者はなおさらであろう。
③　それでもやはり道徳を根付かせたい者がいるであろう。
④　ましてしっかりと道徳を身に付けたい者はなおさらであろう。
⑤　それでも道徳を普及させたい者はなおさらではないか。

問５　傍線部**C**「王 君 之 心」の説明として最も適当なものを、次の①～⑤のうちから一つ選べ。解答番号は 35 。

①　一握りの才能ある者を優遇することなく、より多くの人材を育ててゆこうとすること。
②　王羲之の墨池の跡が忘れられてしまうことを憂い、学生たちを奮起させようとすること。
③　歴史ある学舎の跡が廃れていることを残念に思い、王羲之の例を引き合いに出して振興しようとすること。
④　王羲之の天賦の才能をうらやみ、その書跡を模範として学生たちを導こうとすること。
⑤　王羲之ゆかりの学舎が忘れられてしまったことを嘆き、その歴史を曾鞏に書いてもらおうとすること。

問６　傍線部Ｄ「夫人之有一能而使後人尚之如此」の返り点の付け方と書き下し文との組合せとして最も適当なものを、次の①～⑤のうちから一つ選べ。解答番号は 36 。

①　夫 人 之 有㆓一 能㆒而 使㆓後 人㆒尚㆑之㆑如㆑此
夫《か》の人の一能有りて後人を使ひて此《か》くのごとく之を尚《たつと》ぶ

②　夫 人 之 有㆓一 能㆒而 使㆓後 人 尚㆒㆑之㆑如㆑此
夫の人を之れ一能有れば而《すなは》ち後人をして此くのごときに之《ゆ》くを尚ばしむ

③　夫 人 之 有㆓一 能㆒而 使㆓後 人 尚㆒㆑之 如㆑此
夫《そ》れ人の一能有りて後人をして之を尚ばしむること此くのごとし

④　夫 人 之 有㆘一 能 而 使㆓後 人 尚㆒㆑之 如㆖此
夫れ人を之れ一能にして後人をして之を尚ばしむること此くのごとき有り

⑤　夫 人 之 有㆘一 能 而 使㆓後 人㆒尚㆑之 如㆖此
夫れ人の一能にして後人を使ひて之を尚ぶこと此くのごとき有り

問7　「墨池」の故事は、王羲之が後漢の書家張芝《ちょうし》について述べた次の【資料】にも見える。本文および【資料】の内容に**合致しないもの**を、後の①～⑤のうちから一つ選べ。解答番号は 37 。

【資料】

云《ハク》、「張芝臨《ミテ》レ池《ニ》学《ビ》レ書《ヲ》、池水尽《ク》黒《シ》。使《メバ》二人《ヲシテ》耽《ふけ》ルコトレ之《ニ》若《クナラ》レ是《かクノ》、未《ダ》ル二必《ズシモ》後《レ》レ之《ニ》一也《ト》。」

（『晋書《しんじょ》』「王羲之伝《おうぎしでん》」による）

① 王羲之は張芝を見習って池が墨で真っ黒になるまで稽古を重ねたが、張芝には到底肩をならべることができないと考えていた。

② 王盛は王羲之が張芝に匹敵するほど書に熱中したことを墨池の故事として学生に示し、修練の大切さを伝えようとした。

③ 曾鞏は王羲之には天成の才能があったのではなく、張芝のような並外れた練習によって後に書家として大成したと考えていた。

④ 王羲之は張芝が書を練習して池が墨で真っ黒になったのを知って、自分もそれ以上の修練をして張芝に追いつきたいと思った。

⑤ 王盛は張芝を目標として励んだ王羲之をたたえる六字を柱の間に掲げ、曾鞏にその由来を文章に書いてくれるよう依頼した。

〔二〇二一年度本試験第2日程第4問〕

演習問題8　解答

解答

問1　(ア)＝②　(イ)＝④（10点・各5点）　問2　③（4点）　問3　①-④（8点・各4点）
問4　④（7点）　問5　②（6点）　問6　③（7点）　問7　①（8点）
（注）－（ハイフン）でつながれた正解は，順序を問わない。

出典

曾鞏「墨池記」
『晋書』〈巻八十　列伝第五十　王羲之〉

曾鞏（一〇一九～一〇八三年）は北宋時代の文人。字は子固。南豊（江西省）の人。南豊先生として知られる。三十九歳で進士に合格し、主に地方官として善政を行った。また唐宋八大家の一人、欧陽脩《おうようしゅう》に認められ、彼の影響を受けた緻密な文章を書いた。曾鞏自身も唐宋八大家の一人に数えられる。詩文集に『元豊類藁』『金石録』がある。

段落要旨

本文は「墨池記」の後半部分である。前半部分では王羲之の古跡と伝えられる「墨池」の由来が記される。後半部分は次のように二つの部分に分けることができる。

1

王羲之の努力（羲之之書、…）

王羲之のすぐれた技能は生まれつきではなく努力の結果であり、後年の作こそ素晴らしい。

2

王羲之の故事（墨池之上、今為…）

墨池のほとりにある学校の教官である王盛が、王羲之をたたえる六字を柱の間に掲げ、曾鞏にその由来を書いてくれるように依頼した。

読み

羲之《ぎし》の書は、晩《おそ》くして乃《すなは》ち善《よ》し。則《すなは》ち其《そ》の能《よ》くする所は、蓋《けだ》し亦《ま》た精力を以て自《みづか》ら致す者にして、天成《てんせい》に非《あら》ざるなり。然《しか》れども後世未《いま》だ能く及ぶ者有らざるは、豈《あ》に其の学彼に如《し》かざるか。則ち学は固《もと》より豈に以て少《か》くべけんや。況《いは》んや深く道徳に造《いた》らんと欲する者をや。墨池《ぼくち》の上《ほとり》は、今は州の学舎と為《な》る。教授王君盛《わうくんせい》は、其の章《あらは》れざるを恐るるや、晋《しん》の王右軍《わういうぐん》の墨池の六字を楹間《えいかん》に書し以て之《これ》を掲《かか》ぐ。又《ま》た鞏《きよう》に告げて曰《い》はく、「願はくは記《き》有らんことを」と。王君の心を推《お》すに、豈に人の善《ぜん》を愛して、一能《いちのう》と雖《いへど》も以て廃せずして、因《よ》りて以て其の跡に及ぶか。其れ亦た其の事を推して以て其の学ぶ者を勉《はげ》まさんと欲するか。夫《そ》れ人の一能有りて後人をして之を尚《たつと》ばしむること此《か》くのごとし。況んや仁人荘士《じんじんさうし》の遺風余思《よし》、来世に被《かうむ》る者如何《いかん》ぞや。

【問7の資料】　云《い》はく、「張芝《ちやうし》池に臨《のぞ》みて書を学び、池水《ちすい》尽《ことごと》く黒し。人をして之《これ》に耽《ふけ》ること是《か》くのごとくならしめば、未だ必ずしも之に後れざるなり」と。

全訳

王羲之の書は、年をとってからこそが素晴らしい。彼のすぐれた技能は、思うに精励努力によって自ら到達したものであって、生まれつきのものではない。しかし後世に（王羲之に）追いつけた者がいないのは、その者の稽古学習が王羲之に及ばないからではなかろうか。かくて稽古学習というものはもちろんどうして努力を怠ってよいだろうか。ましてしっかりと道徳を身に付けたい者はなおさら（努力をしなければならない）であろう。（ところで）墨池のほとりは、今は州の学校となっている。教授の王盛は、（墨池が）世間から埋もれてしまうのを心配して、「晋王右軍墨池（晋の王右軍の墨池）」の六字を書いて正面の柱の間に掲げた。そのうえこの輩に語って言うには、「（墨池のいわれを記した）文章を書いてほしい」と。王盛の気持ちを推し量るに、人のすぐれた点を愛して、一芸といえども埋もれないようにしようとして、そこで王羲之の古跡の顕彰に及んだのであろうか。あるいはまた王羲之の故事を引き合いにして学生を励まそうとしたのであろうか。そもそも人に一芸があれば後世の人にその者を尊敬させることになるとはこのようである。ましてや仁愛の徳を備えた人や行いの立派な者が後世に及ぼす感化を、後世の人が受けるのはどれほど大きいことであろうか。

【問７の資料】（王羲之が）言うには、「張芝が池のほとりで書を練習したとき、池の水が（墨で）真っ黒になった。人をこのように書に熱中させたら、張芝に追いつけないとはかぎらない」と。

解説

□□ 問１　標準　29・30　正解は　(ア)＝②　(イ)＝④

(ア)「晩」は名詞「ばん（＝暮れ）」、動詞「くる（暮る）」、形容詞「おそし（＝暮れて暗い。年末に近い。年老いている)」の三つの用法がある。「**乃**（すなはち）」は接続詞で、〝そこで。そこではじめて。それなのに〟などの意がある。「**善**」はここは「よし」と読む形容詞となり、選択肢はいずれも〝素晴らしい〟の意としている。前後関係から、**王羲之の書は年老いてようやく素晴らしいものになった**という内容だとわかる。「晩」は「晩年」「晩学」の「晩」である。よって②が正解。①は「年齢を重ねたので」と、「乃」を理由の意にとっており不適。③は「さえも」が不適。④は「いずれも」が不適。⑤は「年齢にかかわらず」が不適。

(イ)「**豈可～哉**」は「あに～べけんや」と読む**反語形**になる。〝どうして～できようか、いやできない〟の意。④だけが反語の解釈となり正解。①・②は推量、③は詠嘆、⑤は疑問の解釈となる。なお傍線部の「以（もつて）」は単に語調を整えるために用いられている。「少」は「すくなし・わかし」と形容詞で読むことが多いが、ここは「かく」と動詞で読む。「欠く」に同じ。「**学**」**は**「**少く**」**ことができないと述べている**。「豈可」と同じく「豈能（あによく～んや）」「豈得（あに～をえんや）」も反語形になるのでまとめて覚えておこう。

問2　標準　31　正解は③

空欄に入る字は「有」からレ点で戻る。選択肢はいずれも**再読文字**である。すなわち①「宜」は「よろしく～べし（＝～するのがよい）」、②「将」は「まさに～んとす（＝今にも～しようとする）」、③「未」は「いまだ～ず（＝まだ～しない）」、④「当」は「まさに～べし（＝当然～べきだ）」、⑤「猶」は「なほ～ごとし（＝ちょうど～のようだ）」と読む。そこで文脈をたどろう。文頭の「然（しかれども）」は逆接の接続詞で、王羲之の技能は努力の結果であって天性のものではないという前文の内容を受ける。続いて「後世」「能及者」とある。すなわち王羲之に匹敵するような後世の者ということである。このような文脈をふまえると、③「未」が入り、**王羲之が努力したように、努力すれば王羲之の域に到達できるのに、いまだそのような努力をした者はいない**という内容になることがわかる。他の選択肢では文脈が通じない。ただこの設問は次の問3とも関わるため、問3を解いてから戻って解いてもよいだろう。

問3　標準　32・33　正解は①・④

傍線部の句法を問う設問。「豈～邪」に着眼する。「あに～んや」と読めば反語、「あに～か」と読めば疑問である。選択肢には「反語」がなく「疑問」のみがあるから、まず④が正解とわかる。次に「不如」に着眼する。これは「不若」と同じく「～にしかず」と読む**比較形**である。よって①が二つ目の正解となる。全体で「あにそのがくかれにしかざるか」と読む。「其」は代名詞で、後世の人間を指す。「学」は〝学習。学問〟の意で、ここは特に書の稽古をいう。「彼」も代名詞で王羲之を指す。**書の稽古に励んだ王羲之の努力に及ばないのではないだろうかと述べている**（よってこの設問がわかれば、**問2**に戻って、否定的な文脈につながることに基づいて③を選択できる）。なお、②は「無被～（～（ら）るなし）」、③は「不唯～（ただに～のみならず）」、⑥は「縦使～（たとひ～しむとも）」などの形が考えられる。

問4　標準　34　正解は④

傍線部の解釈を問う設問。「況～邪」が「いはんや～をや」と読む**抑揚形**になる。抑揚形の基本形は「…且―、況～乎（…すら且つ―、況んや～をや）」であるから、その前半部分が省略された形になるが、直前の波線部(イ)が実質的にそれに該当する。〝**まして～はなおさらだ**〟の意。「～」の部分に当たるのが「**欲深造道徳者**」である。「**欲**」は〝～したいと思う〟の意。「**造**」は「いたる」と読ませるように、〝到達する〟の意。「造詣（＝学問が深い所に到達すること）」の「造」である。「**者**」は上の用言を体言化する助詞で、〝もの。こと〟などと訳すが、ここは文字通り〝者〟。

人〃の意になる。以上より選択肢は「まして」とある①・②・④に絞り、さらに「なおさらであろう」とある②・④に絞り、「道徳を身に付けたい」を決め手に④を選択すればよい。「なおさら」とは努力を怠ってはならないということである。

問5　やや難　35　正解は②　文章全体

傍線部の心情を問う設問。「王君」の「心」の内容を問う。「墨池之上」以下、王盛が王羲之の故事を広めるために、学校の柱の間に「晋王右軍墨池」の六字を掲げたこと、および筆者に王羲之の故事について書いてほしいと依頼したことが記される。傍線部はこれに続く。直前の「推」は「推察」の「推」で、〃推し量る〃の意であるから、傍線部以下に王盛の心情が記されることになる。その部分に「**豈～邪**」とあり、続けて「**其亦～邪**」とある。前者は傍線部Aと同じ句形であるから、**疑問形**であろうと見当がつこう。「其亦（＝あるいはまた）」で始まる後者も同じ**疑問形**である。前者の「善」は直後に「一能（＝一つの技能）」とあることから、「善悪」の「善」ではなく、〃すぐれた点〃の意となる。また「廃」は「廃止」「廃墟」「荒廃」などの熟語からわかるように、〃すたれる。衰える〃の意。「其跡」は王羲之ゆかりの墨池の跡をいう。全体で、**王盛は王羲之の書家としての名声がすたれてしまわないように、墨池の跡に六字を掲げたのであろうかという趣旨**になる。続けて後者について。「推其事」の「推」はここは〃押し進める〃の意。「其事」は王羲之の故事をいう。「勉其学者」は学生を励ますということ。すなわち王羲之の故事を引き合いに出して、**学生たちに勉学に励むように促したのであろうかという趣旨**になる。以上ここまでが王盛の「心」の内容である。

選択肢は、意味の取りやすい「勉其学者」に着眼して「学生たちを奮起させようとする」とある②を選択すればよい。「墨池の跡が忘れられてしまうことを憂い」とあるのも適切な説明である。

①　「一握りの才能ある者を優遇することなく」が不適。書かれていない。

③「歴史ある学舎の跡」「振興」が不適。右の趣旨に合致しない。

④「天賦の才能」が不適。「非天成」に矛盾する。「うらやみ」も不適。書かれていない。

⑤「王羲之ゆかりの学舎」「その歴史」が不適。「今為州学舎」とあるように、学校は後世に建てられたものである。

問6　標準　36　正解は③

返り点と書き下し文を問う設問。基本的な句形に着眼すればよい。まず「**使**」が使役の助動詞であろうと見当をつける。「使A～（Aをして～（せ）しむ）」という使役の基本形である。「A」に当たるのが「後人」で、「～」の動詞に当たるのが「尚（たつとぶ）」である。その目的語が「之（これ）」。よって「使後人尚之」は「後人をして之を尚ばしむ」と読む。選択肢は③と④に絞られる。次に「**如此**」は「如是」「若此」「若是」と同じく「**此《か》くのごとし**」と読み、〝このようである〟の意となる。選択肢は③と④が残ったままである。最後に「**而**」は接続詞で前後をつなぐから、「一能有りて……尚ばしむる」と読む③が正解だとわかる。「**夫**」は文頭にあって「それ」と読み、〝そもそも〟の意。「**人之**」の「之（の）」は主格を表す助詞となる。「**尚之**」の「之」は「一能」を指す。「**如此**」は王盛が王羲之を顕彰するために六字を掲げたことを指す。なお④は、「人を」を受ける動詞がないなど、不自然な読みになる。

問7　標準　37　正解は①　複数資料　文章全体

本文および資料の内容についての真偽を問う設問で、**合致しないもの**を答える。消去法で解く。その前に**資料**の内容を確認しよう。「云」は王羲之が言ったということ（原文には「曾与人書云（曾《かつ》て人に書を与へて云はく）」とある）。「臨池」は池のほとりでということ。「池水尽黒」は墨で池が真っ黒になったということ。やや誇張した表現か。「使」

以下、使役の句形になる。「耽之」の「之」は「書」を指す。「若是」は「かくのごとし」と読む。張芝が池を墨で真っ黒にしたように書の練習に熱中させるということ。「未必～（いまだかならずしも～ず）」は部分否定の句形で、〝～とはかぎらない〟の意。「後之」の「之」は「張芝」を指す。張芝に追いつけないとはかぎらない、言い換えれば張芝に追いつけるかもしれないということ。

①不適。「張芝には到底肩をならべることができない」が「未必後之」に矛盾する。

②適当。問5で見た傍線部Cが示す内容および資料の内容に合致する。

③適当。本文の「以精力自致者、非天成」および資料の内容に合致する。

④適当。資料の内容に合致する。

⑤適当。本文の「書晋王右軍墨池之六字於楹間以掲之」「告於鞏曰、『願有記。』」および資料の内容に合致する。